AF494153

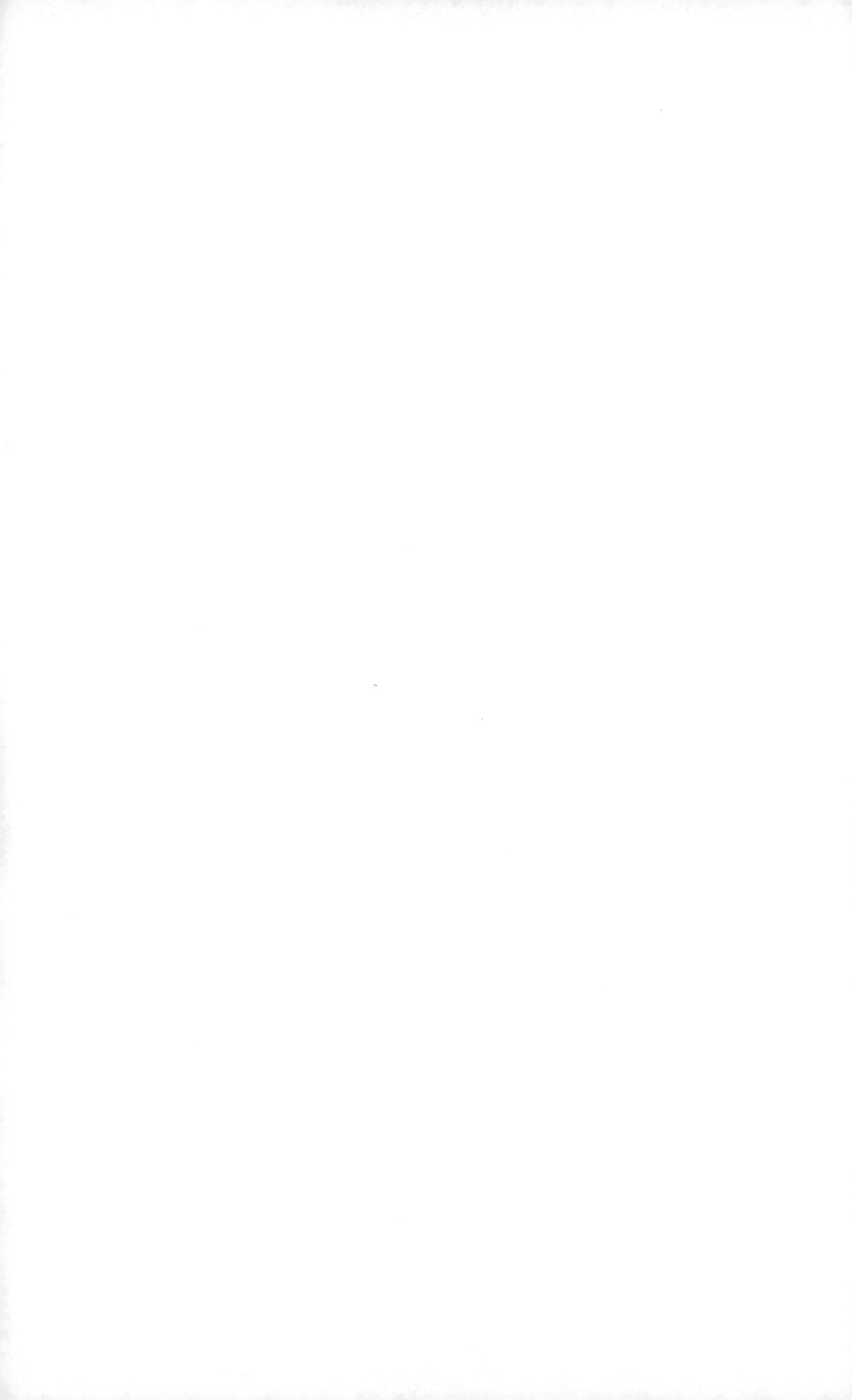

1887 Mars 1er

ŒUVRES

ET

COLLECTION

de feu

M. L.-H. ALLEMAND

Peintre et Graveur a l'eau-forte

Lyonnais.

FÉVRIER, MARS

M D CCC LXXXVII

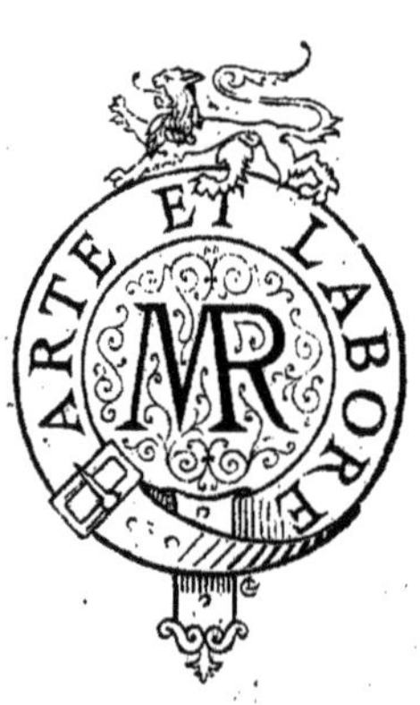

Typog. MOUGIN-RUSAND. — Lyon.

CATALOGUE

DES

ŒUVRES

de feu

M. L. H. ALLEMAND

PEINTRE ET AQUAFORTISTE LYONNAIS

Tableaux, Études peintes, Lavis, Eaux-Fortes

ET DE SA

COLLECTION

DE

PEINTURES DES MAITRES HOLLANDAIS

Plus de CENT EAUX-FORTES de REMBRANDT

Épreuves belles et rares.

DIX MILLE GRAVURES ANCIENNES

DES

Écoles Italienne, Flamande, Allemande et Française

ET DE QUELQUES

Livres concernant les Beaux-Arts

DONT LA VENTE AUX ENCHÈRES PUBLIQUES

AURA LIEU A LYON

Hôtel des Commissaires-Priseurs, rue de l'Hôpital, 6

Salle n° 2

LE 1er MARS ET LES NEUF JOURS SUIVANTS

De 2 à 5 heures, et le soir à 7 h. 1/2.

EXPOSITIONS DES TABLEAUX ET ÉTUDES PEINTES

Les Samedi 26, Dimanche 27 et Lundi 28, de 1 heure à 5 heures.

(SALLE VITRÉE)

Chaque jour de vente, de 9 heures à 11 heures du matin, on exposera les Gravures, Dessins et Livres que se vendront dans les deux vacations du jour.

Me L. GAZAGNE
Commissaire-Priseur
RUE TERME, 6

Mr G. PINGEON
Antiquaire-Expert
Quai de l'HOPITAL, 39 & 40

Hector ALLEMAND

Peintre Lyonnais

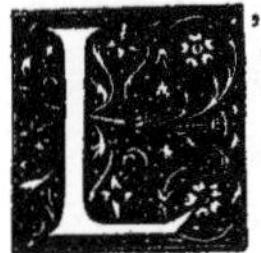

'AMI qui retrouve un ami n'est pas plus heureux que le biographe qui, en fouillant ses notes et ses souvenirs, découvre et met en lumière un pauvre grand homme que ses concitoyens étaient sur le point d'oublier, tandis que ses travaux et son génie eussent mérité les honneurs de la gloire et de la popularité.

Cette œuvre de réparation a des charmes infinis et nous la recommandons à tous ceux qui ont du temps et des loisirs.

Quant à nous, c'est avec un sentiment de vive joie que nous venons parler d'un peintre habile, mort récemment, Hector Allemand.

Cet artiste est-il donc déjà si oublié qu'il ait besoin d'une réhabilitation ? Qu'il soit nécessaire de proclamer bien haut qu'il a eu les qualités les plus précieuses de l'intelligence et du cœur ? Que son pinceau fut celui d'un maître ? Que ses eaux-fortes sont d'un grand prix et qu'il a laissé des tableaux hors ligne qui seront l'éternel honneur de l'École lyonnaise ?

Peut-être bien. Les connaisseurs l'apprécient, mais le public, mais la foule, mais les esprits insouciants qui font la masse de la nation, savent-ils que notre ville a possédé, que notre École a produit un rival des maîtres flamands les plus goûtés, les plus admirés et les plus célèbres?

C'est pour ceux-ci que nous allons donner un aperçu des œuvres d'un de nos plus profonds paysagistes, et nous entretenir d'un des plus brillants, d'un des plus vigoureux pinceaux qui aient jamais attaqué nos vallées, nos vastes horizons et les riches coteaux de notre pays du Lyonnais.

L'homme aura aussi quelques mots, car il est bon qu'on sache ce que peut le courage et l'énergie luttant contre l'adversité; qu'on voie le mérite aux prises avec la douleur; il faut que la jeunesse apprenne par l'exemple des vieillards, à racheter les fautes et les faiblesses par une indomptable énergie, la droiture, la loyauté et surtout par une immense tendresse du cœur.

Hector Allemand fut dévoué jusqu'à l'abnégation, jusqu'à l'oubli de lui-même. Il fut malheureux, sans doute, mais non comme Guindrand, non comme Flachéron. Qui l'a connu, qui, du moins a contemplé sa mâle et noble figure dans les portraits de son âge mûr ou de sa vieillesse, verra facilement combien il était au-dessus de la mauvaise chance et de l'infortune. Quelle réputation n'eût-il pas eue comme artiste, de quelle estime n'eût-il pas joui comme homme, si une invincible modestie, si une prudence exagérée ne lui eussent fait cacher sa vie et ses œuvres avec le même empressement que les autres cherchent le bruit, la réclame et le plaisir.

Louis-Hector Allemand était né à Lyon, le 5 août 1809, rue Boissac, dans le bel hôtel qui porte aujourd'hui le numéro 8.

Son père, M. Hector Allemand, était contrôleur principal des droits réunis. Sa mère, Mlle Marie de Livanie, appartenait à une vieille famille de la Bourgogne qui se disait alliée à la famille de Sales, du Chablais, par conséquent parente de l'illustre évêque de Genève.

La branche paternelle ne le cédait à la branche maternelle ni en noblesse ni en antiquité, car le contrôleur descendait de cette famille chevaleresque du Dauphiné, les Allemand, d'Uriage, qui forma, pendant cinq ou six siècles, une fédération redoutable qui sut se faire si énergiquement respecter dans ses montagnes et dont les seigneurs du voisinage évitaient avec soin l'inimitié, en disant : « Si on les attaque ou les moleste, gare la queue des Allemand? »

La mère du chevalier Bayard était issue de cette puissante et belliqueuse maison.

Qu'on ne s'étonne pas de voir les rejetons des plus hautes familles tomber dans la gêne ou l'obscurité; c'est un effet des guerres et des révolutions. Pour ne citer que notre pays, le descendant du vaillant baron de Monpiton, qui battit les Espagnols près d'Annecy et délivra la Savoie, était naguère maître-maçon à Lyon; un Anglefort était batelier à Seyssel, et la dernière des Rougemont, de la Bresse, était, il y a peu d'années, femme de chambre à Bellecour.

Etait-ce un effet de l'atavisme, mystère que la science admet, elle qui rejette tant de choses? Mais dans tout le courant de sa vie, le jeune Hector Allemand, celui qui nous occupe, sentit le sang de ses aïeux bouillonner dans ses veines, et quand, homme de commerce, simple bourgeois peu expert au jeu de l'épée, il eut une querelle avec un officier de la garnison de Lyon, il n'hésita pas à se présenter, la poitrine nue, en face de son adversaire et reçut bravement une blessure au poignet droit comme eût pu le faire le plus vaillant des seigneurs bannerets dont il descendait.

Comment avec ce tempérament belliqueux,

notre jeune compatriote n'embrassa-t-il pas la carrière militaire? Nous l'ignorons, mais nous sommes certain que là aussi, que là surtout, il fût parvenu aux plus hauts rangs.

Il en fut autrement. Élevé avec tendresse par une mère artiste qui peignait la miniature avec un véritable talent; instruit par un père qui comprenait tous les arts et en cultivait plusieurs avec succès, Hector Allemand sentit, dès ses plus jeunes années, grandir et se développer le goût profond de la peinture. Dès sa plus tendre enfance, son plaisir le plus vif, sa récréation préférée était de dessiner, de crayonner, de copier tout ce qui l'entourait. Fanatique de la nature, il s'enivrait de la vue d'un beau site. Au lieu de contrarier ce penchant, ses parents l'encourageaient et, sans doute, ils espéraient faire un jour de leur fils un peintre renommé. Mais sur quoi faut-il compter, dans ce monde? A qui est-il donné de dire : « j'irai ici et non ailleurs? » Le malheur s'abattit sur ce doux intérieur. Une catastrophe frappa ces êtres si intéressants. La France venait de changer de maître et le pauvre contrôleur destitué quitta le bel hôtel de la rue Boissac, le désespoir au cœur, pour chercher un abri dans un pays où la vie fût moins chère et moins coûteuse. Les fugitifs se réfugièrent à Tarare. Là, moins connus, ils purent mettre leur position à la hauteur de leur pauvreté sans avoir l'humiliation si cruelle de voir les amis d'hier se détourner aujourd'hui de leur chemin; sans voir brutalement se rompre les liens qui les unissaient à tant de gens, hôtes jadis de leur fortune, froids témoins de leur adversité.

On a beau être malheureux, le temps passe.

Un jour, M. Allemand père apprit que des amis avaient trouvé une modeste occupation pour son fils dans une maison de commerce de la rue Saint-Pierre. C'était un premier rayon de soleil dans leur ciel noir. Mais le jeune artiste, qui crayonnait avec tant d'ardeur les montagnes qui enferment Tarare, consentirait-il à s'ensevelir pour la vie dans un magasin, obscur peut-être, triste sans doute, anti-poétique à coup sûr? Hector avait quinze ans. C'est l'âge des espoirs infinis et des illusions sans fin, rarement de la sagesse et de la raison. Le jeune homme n'hésita pas; il embrassa ses parents, fit un petit paquet de ses hardes et, avec toute l'ardeur du sacrifice, prit à pied la route de Lyon.

La bourse légère, mais le cœur bien gros, Hector atteignit l'Arbresle où il voulut prendre un premier repas. Il s'installa au bord d'un petit ruisseau et attaqua ses modestes provisions; puis, admirant le site qui l'entourait, il saisit son album et enleva un croquis dont les amateurs donneraient cher aujourd'hui. A peine son dernier coup de crayon donné, il entendit un bruit lointain qui le rappela au sentiment de la réalité. Il n'était pas là comme artiste, mais comme voyageur. Il s'était oublié à dessiner au lieu de marcher et Lyon était loin encore; mais le mal n'était pas grand; c'était la diligence de Tarare qui passait. Pour rattrapper le temps perdu, il grimpa lestement sur le marchepied et le jeune parent de saint François de Sales et de Bayard put facilement rêver qu'il était sur un char de Victoire, en route pour la gloire et la fortune.

Comme tous les moments de bonheur, ce fut un court instant.

Arrivée à un replat, la voiture filait rapidement quand le conducteur, se retournant, vit un jeune inconnu qui, sans se gêner, se faisait voiturer gratis.

Il se dresse sur son siége et, sans crier gare! cingle le pauvre voyageur de deux ou trois coups de fouet qui lui coupent la figure et lui font saigner les mains. Surpris dans son rêve, Hector lâche la portière, tombe du marchepied et roule dans la poussière, contusionné et meurtri, confus de son accident, irrité de cette brutale agression, mais furieux surtout des éclats de rire des stupides voyageurs qui le voyaient ramasser péniblement son chapeau et son paquet, tandis que le conducteur continuait ses gestes de menace et d'insulte jusqu'au détour du chemin.

Secoué, remis de sa chute, il fallut qu'Hector redoublât de vitesse pour arriver le même jour à Lyon. Il parvint enfin, et pas trop tard, dans la ville qu'il ne devait plus quitter ; mais jamais il ne put oublier cette première mésaventure et, jusque dans sa vieillesse, il s'irritait encore avec colère et faisait briller ses regards, quand, parlant des épreuves de sa jeunesse, il en arrivait à ce burlesque accident.

Son âme de sensitive ne l'avait jamais pardonné.

Le lendemain, le futur grand homme entrait dans le modeste magasin où il était attendu et où il surprit bientôt ses chefs par des qualités exceptionnelles. Son activité était prodigieuse, sa capacité commerciale hors ligne. L'enfant de quinze ans était le personnage le plus sérieux de la maison ; l'artiste passionné, le commis le plus sagace et le plus sûr. Quand, après une journée pénible, il avait manipulé les fils et les cotons, comme un vieux praticien, il s'enfermait dans sa petite chambre au lieu d'aller se distraire avec les jeunes gens de son âge, et, jusqu'à une heure avancée de la nuit, enveloppé dans un grand manteau, il perfectionnait son éducation, étudiait, travaillait comme un sage et se mettait au niveau de ceux à qui, dans les collèges, on prodigue, et souvent avec tant de peine, les bienfaits de la littérature et du savoir.

Mais si, dans la 'semaine, il se montrait commerçant modèle, il redevenait, chaque dimanche, artiste enthousiaste, ardent et convaincu.

Parti le samedi soir, il explorait les environs si pittoresques de sa ville natale, les saulées d'Oullins et de la Tête d'Or, si le temps n'était pas sûr; les collines de Chaponost, de Charbonnières ou du Mont-d'Or, si la journée était belle, et parfois se hasardait jusque dans les vallées de Mornant et d'Izeron, rivales de la Suisse, quand les grands jours d'été lui permettaient de marcher une partie de la nuit et de s'éloigner de Lyon, avec quelques amis, avides, comme lui, de contempler les grands horizons, les forêts profondes, les torrents, et tous les grands spectacles de la nature.

Dix ans se passèrent ainsi, partagés entre le commerce et la peinture, le devoir et le plaisir, sans qu'on pût dire si ce jeune homme si merveilleusement doué serait, un jour, un négociant opulent ou un artiste admiré.

Il était écrit qu'il serait l'un et l'autre.

L'employé-type vit bientôt grossir ses appointements ; chaque année améliorait sa position ; de commis payé il devint commis intéressé, puis associé. Après dix ans d'un travail ardent, probe et honnête, il devint chef de maison ; il avait alors vingt-cinq ans.

Sous cet habile maître, le commerce des filés coton et des lacets coton et soie prospéra tellement qu'à trente-six ans, maître d'une jolie fortune, indépendant et toujours plus passionné pour la peinture, il vendit, réalisa, prit un appartement au n° 1 de la rue Bourbon, se créa un atelier commode et ne donna plus désormais des soins qu'à son pinceau.

A peine avait-il eu un peu d'aisance, à peine avait-il pu se suffire qu'il avait fait venir ses parents auprès de lui. Là, entre ces êtres si fiers de lui, enfant toujours tendre et obéissant comme dans son jeune âge, il les entourait des soins les plus attentifs. Peintre ou négociant, jeune ou à l'âge mûr, il ne connaissait ni cercle, ni jeu, ni café. Il était tout au travail dans la journée, tout à la tendresse filiale, le soir.

Il semblait que son cœur eût besoin de dévouement, d'abnégation, de sacrifice. D'une santé délicate, impressionnable, nerveux, il ne se comptait pour rien, ne se ménageait en rien, ne pensait jamais à lui et ne regardait comme tout que ceux qu'il aimait.

Il le fit bien voir, à une époque douloureuse.

Il avait aimé une jeune fille avant d'avoir appelé sa famille auprès de lui. Dans une circonstance fatale, la pauvre infortunée devint folle et on fut obligé de l'enfermer dans une maison de santé. Effarouchée, ne reconnaissant personne, repoussant toute nourriture et tout soin, elle ne se calmait qu'à la vue de celui à qui elle avait tout donné. Docile aussitôt qu'elle le voyait, les yeux fixés sur lui, elle faisait tout ce qu'il lui demandait, acceptait tous les mets qu'il lui présentait; ne mangeait, ne buvait que de sa main et, prodige du cœur, était calme et douce tant qu'il était auprès d'elle. A peine était-il loin que la folie reprenait le dessus; la colère et la fureur crispaient son pauvre visage et son caractère indompté se refusait à toute soumission, comme il bravait toutes les réprimandes, toutes les sévérités.

Il en fut ainsi jusqu'à sa mort et, sublime dévouement d'un homme jeune, qui avait un commerce important sur les bras et mille préoccupations devant lui, pendant des années, trois longues années, pas un seul jour ne s'écoula sans que le pauvre Hector ne gravît la colline à pas pressés et ne courût à l'établissement, n'ouvrît la cellule où on ne vivait que pour lui, où on ne vivait que par lui.

Que les moralistes le blâment, que les hommes sérieux le désapprouvent, que les gens timorés s'indignent de notre récit; nous l'avons fait franchement, les larmes aux yeux, sans l'approuver ni le maudire; mais, du moins, bien certain que, dans notre siècle ergoteur et positif, notre cher artiste trouvera peu d'imitateurs.

Pendant qu'il était dans les affaires, il était allé souvent à Paris, dans l'intérêt de son commerce qui passait avant tout; plusieurs fois en Angleterre et en Écosse, plusieurs fois en Belgique et en Hollande et toujours il ne s'était reposé de ses travaux de négociant qu'en visitant les musées publics et les plus riches galeries d'amateurs. La Hollande surtout l'attirait. Là il avait trouvé les œuvres de son goût et les maîtres de son choix. Là, il avait étudié Ruysdaël, Hobbéma, Berghem, Albert Cuyp et il s'était emparé de leurs secrets. Il n'était allé qu'une fois en Suisse pour voir la grande nature dans toute sa splendeur, mais plus en touriste qu'en peintre; il n'avait jamais visité l'Italie.

Ces immensités qu'on appelle le lac de Genève ou le mont Blanc, les lacs de Lucerne et de Zurich, le Righi, l'Oberland ou le Valais l'avaient-il plus effrayé que séduit? plus étonné qu'attiré? il ne nous a pas confié sa pensée, mais nous savons combien il était à son aise dans les vallons du Lyonnais, du Dauphiné, de la Savoie et du Bugey, car c'était de ces contrées qu'il aimait à s'entretenir, celles qu'il connaissait le mieux, celles où il retournait chaque année et dont il a reproduit le plus souvent les sites dans ses tableaux.

Encouragé par ses amis et se sentant assez fort pour la lutte, il osa, en 1846, envoyer pour la première fois une de ses toiles, à l'Exposition de Paris. Ce fut un étonnement général, une surprise effarouchée dans le clan des artistes et des amateurs. D'où sortait donc ce nouveau venu qui, de haute main, s'emparait d'une si belle place dans le monde des Beaux-Arts?

La jalousie fut bien vite en éveil.

— Ne serait-ce pas un hollandais copié? insinuèrent quelques-uns.

— C'est un Ruysdaël, à coup sûr, affirmèrent aussitôt quelques autres. Même science de dessin, même poésie de composition, même style mélancolique et doux; même couleur solide et profonde, sans éclats, sans tons heurtés, sans escamotage, sans à peu près. Tout est serré, fin, étudié avec patience, goût et habileté. Ah! si on découvrait la toile originale, quelles clameurs! Quelle leçon à infliger à l'audacieux qui a voulu nous en imposer!

On ne trouva pas la toile originale; l'œuvre était bien d'un Lyonnais, non d'un Flamand; Allemand l'avait faite, non Ruysdaël.

Une autre fois, mais bien plus tard, ce fut à Théodore Rousseau qu'il fut comparé.

Becq, le marchand de tableaux si connu, vint à Lyon, visiter les ateliers, et traiter directement avec les artistes, enchantés, pensait-il, de céder contre argent comptant des toiles qui auraient pu attendre longtemps un amateur. Conduit chez Allemand par Lays, Becq fut ébloui des richesses appendues à tous les murs, mais, ne voulant pas se livrer, il se promenait dans l'atelier en silence. Tout à coup, il s'arrête, admire un tableau un peu haut placé, mais bien dans son jour et apostrophant Allemand surpris :

— Ah! Voilà un beau Rousseau! s'écria-t-il; je vous l'achète. Combien en voulez-vous?

Allemand sourit, prit un marchepied et l'approchant de la toile :

— Avant de faire un prix, voyez la signature, dit-il.

Becq monta; la toile était signée : *Allemand*. Blessé et mortifié, le marchand de tableaux sortit sans faire aucune offre et il fit tout aussi bien; car

Allemand, plus riche que les artistes ne le sont d'ordinaire, était peu disposé à se défaire de ses toiles. Il les aimait, il les soignait, les admirait, s'y attachait comme à des enfants chéris et en vendait si peu qu'on peut dire qu'il ne les vendait pas.

Mais s'il ne faisait pas le commerce de ses tableaux, c'était bien pis pour ses eaux-fortes.

Aqua-fortiste de premier ordre, il aimait à montrer ses planches d'un style élevé, d'une composition magistrale, d'un faire habile. Ses arbres respiraient dans l'air, et vivaient de leur propre vie. Ses fabriques simples, ses sites agrestes n'avaient jamais rien de trivial. Ciels et terrains étaient rendus avec conscience et vérité ; il y avait du peintre d'histoire dans ses arrangements, sans qu'on pût lui reprocher ni mièvrerie, ni prétention. Aussi, était-ce un cadeau précieux qu'il faisait à ses amis quand il leur offrait, en souvenir, une eau-forte ou un album, une simple feuille ou un recueil. Il en a donné de magnifiques collections à divers Musées de Londres, de Dresde, de Munich et de Paris et on sait les y apprécier. Il les tirait lui-même, en disant, avec raison, que l'ouvrier ne peut sentir ce que sent l'artiste. L'un, même avec du goût, y met sa force ; l'autre, même avec ses efforts, y met toujours un peu de son intelligence et de son cœur.

Nous ne ferions pas connaître notre artiste complètement si nous n'ajoutions qu'il fut musicien habile et tourneur d'une jolie force. Il jouait de plusieurs instruments avec une véritable supériorité. Il affectionnait surtout le cor anglais, la flûte et le hautbois. Quant à ce dernier, il l'apprit à l'âge de quarante ans, mit à le travailler l'acharnement qu'il apportait à toutes ses occupations et devint bientôt assez fort pour tenir le pupitre de premier hautbois dans un orchestre qui n'admettait que des musiciens de choix.

Ainsi doué, appelé à prendre un rang élevé dans les arts et la société, on le sollicitait de quitter Lyon. Paris le réclamait; des amis l'y attendaient. De hautes influences, de brillantes protections lui promettaient décorations, honneurs, gloire, célébrité, tout ce que Paris offre à ses adeptes. Comme Soulary, Saint-Jean, Bonnefond et tant d'autres, il refusa tout, il se priva de tout pour rester fidèle à sa ville natale. La vue du Rhône est si belle! Les bords de la Saône sont si doux! Nos vallées sont si ombreuses et si fraîches! Et puis, à quoi bon s'exiler, quand on a le bonheur chez soi? Le château cache autant de larmes que la chaumière. La gloire, le bruit, les salons, la célébrité ne donnent ni un sang plus ardent, ni une santé plus robuste, ni une vieillesse plus digne et plus fière. Allemand avait perdu sa mère depuis nombre d'années, mais il respectait trop, il aimait trop son vieux père pour l'abandonner. Il ne put consentir à le confier à des mains étrangères; il ne pouvait l'emmener avec lui; son fils aussi réclamait ses soins. Il resta auprès d'eux et nous ne pensons pas qu'il s'en soit jamais repenti.

Sans quitter nos brouillards, dont la réputation est surfaite et nos vallons trop peu connus; habitant la ville pendant l'hiver, la campagne pendant l'été, il eut, de 1850 à 1870, une époque de bonheur comme les pauvres humains peuvent en rêver. Tout lui souriait, tout lui réussissait. Son fils semblait marcher sur ses traces et son excellent père le remerciait à chaque instant de la tranquillité qu'il lui devait. Puis, comme pour tout le monde, quand on avance dans la vie, l'horizon s'assombrit. Sa santé, qui n'avait jamais été robuste, sembla lui donner de l'inquiétude. Des excès de travail dans les champs et par tous les temps; des stations de sept ou huit heures dans l'humidité, pour ne pas perdre un effet, lui firent éprouver les premières attaques de ces douleurs rhumatismales, apanage particulier des paysagistes. Son père, à qui, tous les soirs, il faisait la lecture et qui ne s'endormait que près de lui et sous son regard, s'éteignit à l'âge de quatre-vingt-dix-huit ans, le laissant aussi seul et aussi désolé que s'il fût resté faible et pauvre orphelin, sans appui et sans amour. Il devint triste, alors, mélancolique; il semblait que sa vie fût sans utilité et sans but. Il peignit un peu moins, mais comme il était énergique et vaillant, il voulut donner à ses idées un autre cours et, pour oublier, il essaya de se faire écrivain.

C'est à cet effort de sa volonté, à ce désir de réagir contre la douleur qu'on doit un petit volume qui fut si bien reçu des connaisseurs : *Causeries sur le paysage*, par Hector Allemand, peintre lyonnais. Lyon, Louis Perrin et Marinet, 1877, in-8.

D'une main ferme et d'un esprit aussi sûr que convaincu, il traça les règles que devra suivre désormais non seulement tout paysagiste qui voudra s'élever sur les sommets de l'art, mais tout peintre soucieux de l'avenir. Ses préceptes sont ceux d'un homme qui a vu et qui sait. Il conseille le travail austère et sérieux; il veut qu'on esquisse pendant l'hiver l'arbre touffu qu'on doit peindre au complet pendant l'été. Le squelette du tronc et des branches fera comprendre le mouvement du feuillage. Il préfère les leçons de l'expérience et de la nature à celles d'un maître ou d'une école, tant il redoute qu'on ne devienne copiste ou imitateur. Il veut qu'on étudie et longtemps d'avance, le pays qu'on doit reproduire; qu'on le connaisse à fond et qu'on s'identifie avec lui. Nature du sol, agriculture, mœurs des habitants, rien n'est inutile, rien n'est futile, ou plutôt tout est important. « Souvent, il vaut mieux observer que produire, » dit-il, et on sent qu'il a prêché d'exemple, tant il est vrai dans ses tableaux.

Ce n'est pas lui, en effet, qui eût mis, comme tant de ses confrères, le coquet chapeau des Bressannes dans un village du Dauphiné; des voituriers normands sur la route de la Provence, des bouleaux en terre chaude; un groupe de sapins dans le Midi ; des rochers granitiques dans le Bugey. A ces conseils ne s'arrête pas le code si sage tracé par notre auteur. Il veut qu'on travaille avec son âme ; il veut qu'on regarde la nature avec toute la puissance de son imagination et de son cœur.

Il flétrit le réalisme et conspue le trivial, ressource des impuissants. Puis, avec douleur, il avoue que les peintres d'aujourd'hui consultent la mode plus que le goût ; qu'ils se préoccupent moins de bien faire que de bien vendre ; que le métier l'emporte sur l'art et que, chez la plupart des célébrités du jour, il y a soixante pour cent de savoir faire et quarante pour cent de talent.

Son livre touchait à sa fin et il en rêvait les

dernières pages ; déjà il avait choisi son imprimeur, lorsqu'en 1876, il fut frappé d'une attaque de paralysie qui lui ôta complètement l'usage du bras droit.

Pour un artiste pauvre, c'était la mort ; pour un homme ardent, c'était le désespoir. Ce ne fut ni l'un ni l'autre pour Allemand.

Soutenu par son énergie, raidi par la force de sa volonté, il apprit à peindre et à écrire de la main gauche, et ceux qui avaient craint son effondrement furent émerveillés de voir leur ami reprendre sa vie, ses études et ses travaux, avec presque autant d'assurance qu'autrefois.

Comment de cette main dont le public sait si peu se servir a-t-il pu tracer des dessins si fins, si élégants et si purs ? Comment a-t-il osé reprendre ses pinceaux et si bien en user ? C'est un mystère qu'on ne peut expliquer qu'en songeant à son habileté supérieure à tout faire et à sa volonté que rien ne pouvait dompter.

Après une journée de labeur assidu, quand venait le soir, il quittait assez volontiers son chez lui. Étranger aux plaisirs du monde et de la foule, il se rendait chez quelque vieil ami. Une de ses stations préférées était chez le libraire Glairon-Mondet, à Bellecour. Là, il rencontrait des amateurs de vieux livres, de musique et de tableaux.

On discutait de tout ce dont un homme intelligent aime à causer et c'est là surtout que nous-même nous avons pu apprécier les qualités exquises de sa pensée et de son cœur.

Il travaillait alors à un grand ouvrage sur la gravure, et tout faisait espérer qu'il le mènerait à bonne fin. On se faisait une joie de voir si cette étude sérieuse et savante éclipserait ou simplement égalerait son livre sur le paysage ? Ses amis furent trompés dans leur attente. Un jour, ils apprirent que la maladie avait de nouveau frappé l'énergique travailleur. Cette fois, ce fut elle qui triompha et le livre n'était pas achevé.

Allemand s'est éteint le 13 septembre 1886, à l'âge de soixante-dix-sept ans.

Il laissait une veuve et un fils désolés. Nous n'avons pas à parler du deuil de ses amis.

Sa mort fut une perte douloureuse pour les arts, quoique depuis dix ans il eût peu produit. A la vente des richesses de son atelier, on sera surpris de leur nombre et de leur valeur. Aux artistes à les apprécier.

En mourant, Hector Allemand a légué quelques-unes de ses meilleures toiles aux villes de Lyon, Grenoble, Montpellier, Carpentras et Avignon. La Commission municipale lyonnaise avait le droit du choix. Bien inspirée, elle a demandé : *Le Buisson courbé par l'orage*, qui pourrait être signé par les plus grands noms de l'École hollandaise. Le reste sera vendu.

On pourrait écrire sur le tombeau de ce maître regretté :

« Il ne fut d'aucune coterie, d'aucune École. Il n'obtint jamais aucune récompense. Il ne fut pas décoré. »

Aimé VINGTRINIER.

Lyon, 8 février 1887.

CONDITIONS DE LA VENTE

La vente se fait au comptant.

Les acquéreurs paieront cinq centimes par francs, en sus des enchères applicables aux frais.

Les Expositions mettant le public à même de se rendre compte de l'état des objets, il ne sera admis aucune réclamation une fois l'adjudication prononcée.

En cas de contestation sur une enchère, l'objet sera immédiatement remis en vente.

L'ordre numérique ne sera pas suivi.

M. Pingeon se réserve de pouvoir réunir ou diviser les lots.

LE PRÉSENT CATALOGUE

SE TROUVE :

A LYON, au Bureau des Commissaires-priseurs, rue de l'Hôpital, 6.

— Chez M. G. PINGEON, antiquaire, quai de l'Hôpital, 39 et 40.

A PARIS, au Bureau du *Journal des Arts,* rue Le Pelletier, 47.

— Et chez M. SWITZ, antiquaire, rue de l'Abbaye, 3.

M. G. Pingeon, chargé de diriger la vente, se chargera des commissions qu'on voudra bien lui confier.

EXPLICATION DES ABRÉVIATIONS

EMPLOYÉES DANS LE CATALOGUE DES ESTAMPES

B signifie BARTSCH, avec le numéro correspondant à son Catalogue.
R D. — Robert DUMESNIL — — —
L B. — LE BLANC — — —
C B. — Charles BLANC, pour les Œuvres de REMBRANDT.

ORDRE DES VACATIONS

MARDI 1er MARS

4	Tableaux de M. H. Allemand.......	Nos 1 à 4.
12	Études encadrées..................	43 à 54.
4 et 2	Études non cataloguées ou en feuilles..................	152.
6	Dessins lavis, par 2..............	162 à 170, 259 et 260.
2 et 1	Dessins ou croquis par lots....	310.
1	Eau-forte de M. H. Allemand.......	311.
2	Dessins de Lyonnais et autres.......	344, 348.
7	Eaux-fortes de divers.............	369 à 376.
2	Lithographies....................	416.
45	Gravures décrites.................	524 à 531, 545 à 554, 589, 593 à 595, 682, 751, 792 à 804, 857 à 861, 863 à 868.
34 et 14	Gravures en lots.............	1037 à 1060 et du numéro 1231.

MERCREDI 2 MARS

4	Tableaux de M. H. Allemand.......	Nos 5 à 8.
12	Études encadrées..................	55 à 56.
4	Etudes encadrées, non cataloguées...	152.
1	Dessin sous verre.................	158.
5 et 6	Dessins lavis, par 1 ou 2.......	206 à 209, 242 et 171 à 180, 257 à 258.
2 et 1	Dessins ou croquis, par lots.....	310.
1	Eau-forte de M. H. Allemand......	320.
2	Tableaux anciens.................	326, 330.

2 Dessins de Lyonnais et autres....... 359.
7 Eaux-fortes de divers.............. 377 à 383.
2 Lithographies................ .... 417, 420.
36 Gravures décrites.................. 597 à 599, 608 à 636, 670, 691, 696, 791, 821, 904.
34 et 14 Gravures en lots............. 1061 à 1085 et du numéro 1231.

JEUDI 3 MARS

4 Tableaux de M. H. Allemand....... Nos 9 à 12.
12 Études encadrées................... 67 à 78.
4 Études encadrées non cataloguées.... 152.
5 et 6 Dessins et lavis, par 1 ou par 2.. 159 à 161, 181, 242 et 182 à 191, 255, 256.
2 et 1 Dessins par lots et croquis....... 310.
1 Eau-forte de M. H. Allemand..... 321.
2 Tableaux anciens................... 331, 336.
2 Dessins de Lyonnais et autres ..... 359.
8 Eaux-fortes de divers.............. 384 à 387, 360 à 363.
2 Lithographies..................... 419.
36 Gravures décrites.................. 432 à 448, 541 à 544, 566 à 577, 600 à 605, 874 à 878, 578 à 580, 515, 560, 757, 807.
34 et 14 Gravures en lots............. 1086 à 1116 et du numéro 1231.

VENDREDI 4 MARS

5 Tableau de M. H. Allemand........ Nos 33 à 37.
14 Études encadrées........ .... 79 à 92.
2 Dessins sous verre................ 153, 155.
12 et 5 Dessins lavis, par 1 ou 2.. .... 211 à 217, 243 à 247 et 192 à 200.

4	Eaux-fortes de M. H. Allemand.....	319, 316, 314, 315.
4	Tableaux anciens.............	328, 332, 340, 341.
46	Rembrandt......................	944 à 989.
4	Dessins de Lyonnais et divers.......	349 à 351, 358.
4	Eaux-fortes de divers.............	391 à 394.
30	Gravures décrites................	488 à 494, 637 à 656, 684 à 689, 821 à 852, 697.
14	Gravures en lots..........	1198 à 1212.

SAMEDI 5 MARS

5	Tableaux de M. H. Allemand.......	Nos 28 à 32.
14	Études encadrées...........	93 à 106.
2	Dessins sous verre......	156, 157.
12 et 15	Dessins lavis, par 1 ou 2......	218 à 225, 248 à 251 et 301 à 310.
4	Eaux-fortes de M. H. Allemand.....	325, 322, 317, 318.
4	Tableaux anciens.................	327, 331, 335, 337.
46	Rembrandt......................	990 à 1035.
4	Dessins de Lyonnais et autres..... .	352, 357, 358.
5	Eaux-fortes de divers..............	388 à 390, 395, 396.
30	Gravures décrites.................	422 à 429, 532 à 540, 677, 719 à 734, 758 à 782, 879, 880, 698, 699.
16	Gravures en lots..................	1221 à 1230.

LUNDI 7 MARS

4	Tableaux de M. H. Allemand.......	Nos 13 à 16.
14	Études encadrées......	107 à 120.
4	Études encadrées, non cataloguées...	152.
5 et 5	Dessins lavis, par 1 et 2........	226 à 229, 252 et 291 à 300.
2 et 1	Dessins en lots et croquis.......	310.

1	Eau-forte de M. H. Allemand.......	323.
2	Tableaux anciens.................	339, 342.
3	Dessins de Lyonnais et divers.......	345, 346.
8	Eaux-fortes de divers.............	401 à 407, 414.
2	Lithographies....................	418, 420.
36	Gravures décrites.................	449 à 471, 495 à 499, 501 à 514, 583 à 588, 606, 785 à 790,
34 et 14	Gravures en lots.............	1117 à 1130 et du numéro 1231.

MARDI 8 MARS

4	Tableaux de M. H. Allemand........	Nos 38, 39, 26, 27.
12	Etudes encadrées..................	121 à 132.
4	Études encadrées, non cataloguées..	152.
5 et 5	Dessins lavis par, 1 et 2.........	230 à 233, 235 et 281 à 290.
1 et 1	Dessins par lots et croquis.......	310.
2	Eaux-fortes de M. H. Allemand.....	312.
2	Tableaux anciens.................	329, 343.
2	Dessins du Lyonnais et divers.......	347, 358.
7	Eaux-fortes, de divers.............	408 à 414.
2	Lithographies....................	415.
36	Gravures décrites.................	484 à 486, 519, 520, 560 à 565, 572 à 582, 590 à 592, 675, 676, 736 à 745, 752, 755, 756, 862, 882, 883.
34 et 14	Gravures en lots..............	1132 à 1141 et du numéro 1231.

MERCREDI 9 MARS

4	Tableaux de M. H. Allemand.......	Nos 42, 17, 24, 25.
10	Études encadrées..................	133 à 142.

3 et 2	Études encadrées, non cataloguées et par lot	152.
10	Dessins, lavis par un	234 à 237, 254, 201 à 205.
2 et 1	Dessins en lots et croquis	310.
1	Eaux-fortes de M. H. Allemand	313.
2	Tableaux anciens	338, 333.
2	Dessins de Lyonnais et divers	358.
7	Eaux-fortes, de divers	397 à 400, 368 à 370.
2	Lithographies	415.
36	Gravures décrites	521, 522, 747, 826 à 853, 916 à 936.
34 et 14	Gravures en lots	1142 à 1170 et du numéro 1231.

JEUDI 10 MARS

4	Tableaux de M. H. Allemand	Nos 40, 42, 18, 19.
9	Études encadrées	143 à 151.
3 et 2	Études encadrées, non cataloguées et en lots	151.
4 et 5	Dessins lavis, par un et deux	238 à 241 et 271 à 280.
2 et 1	Dessins en lots et croquis	310.
1	Eaux-fortes, de M. H. Allemand	324.
1	Dessins de Lyonnais et divers	358.
7	Eaux-fortes, de divers	364 à 367.
2	Lithographies	415.
40	Gravures décrites	581, 582, 607, 671 à 674, 680, 681, 692 à 695, 700 à 715, 736, 748 à 750, 808 à 817, 869 à 873, 908 à 913, 938 à 943.
34 et 14	Gravures en lots	1171 à 1197 et du numéro 1231.

VENDREDI 11 MARS

4	Tableaux de M. H. Allemand.......	Nos 20 à 23.
6	Études non encadrées........	151.
5	Dessins par deux..................	261 à 270.
3 et 23	Dessins en lots et croquis......	310.
	Livres.............	1232 à 1265.
	Photographies....................	421.
35	Gravures décrites.................	430, 431, 483, 487, 500, 516 à 518, 523, 555 à 559, 596, 657 à 669, 678, 679, 683, 716 à 718, 735, 753, 754, 783, 784, 805, 806, 818 à 820, 854 à 856, 884 à 889, 901 à 903, 906, 907, 914, 915, 937, 995.
6 et 2	Gravures en lots.	1213 à 1220 et du numéro 1231.

ŒUVRES

de feu

M. Louis-Hector ALLEMAND

PEINTURES

1 — *Paysage avec mare et personnage* (signé et daté 1861).

Sur bois, cadre doré.

Haut., 27 cent., larg., 36 cent.

2 — *Vue prise aux environs de Crémieu* (Isère).

Sur toile, cadre doré.

Haut., [illegible] cent.; larg., 45 cent.

3 — *Paysage en montagne.*

Sur toile, cadre doré.

Haut., 27 cent.; larg., 45 cent.

4 — *Paysage d'automne* (signé).

Sur toile, cadre doré.

Haut., 31 cent; larg., 17 cent.

5 — *Étang en Bresse* (signé).

Sur toile, cadre doré.

Haut., 37 cent.; larg., 45 cent.

6 — *Environs de Crémieu, soleil couchant.*

Sur toile, cadre doré.

Forme ovale.

7 — *Fontaine des Capucins, à Crémieu* (signé du monogramme et daté 1862).

Sur toile, cadre doré.

Haut., 42 cent.; larg., 59 cent.

8 — *Paysage d'automne, avec personnages, soleil couchant* (signé et daté 1852).

Sur toile, cadre doré.

Haut., 45 cent.; larg., 62 cent.

9 — *Ravin de la Tyne, à Crémieu* (signé et daté 1852).

Sur toile, cadre doré.

Haut., 45 cent.; larg., 63 cent.

10 — *Paysage et personnages, couleur blonde et transparente; ressemble à s'y méprendre à un flamand* (signé).

Sur toile, cadre doré.

Haut., 39 cent.; larg., 57 cent.

11 — *Paysage avec mare et animaux.*

Sur toile, cadre doré.

Haut., 35 cent.; larg., 79 cent.

12 — *Vue du ruisseau de l'Iseron, environs de Lyon* (signé et daté 1862).

Sur toile, cadre doré.

Haut., 72 cent ; larg., 58 cent.

13 — *Paysage dans l'Ain* (signé et daté 1846).

Sur toile, cadre doré.

Haut., 40 cent.; larg., 64 cent.

14 — *Chemin dans un Bois* (signé et daté 1863).

Sur bois, cadre doré.

Haut., 34 cent.; larg., 52 cent.

15 — *Environs de Bourg (Ain)* (signé et daté 1866).

Sur bois, cadre doré.

Haut., 31 cent.; larg., 39 cent.

16 — *Pêcheurs dans un bras du Rhône* (signé et daté 1861).

Sur bois, cadre doré.

Haut., 29 cent ; larg., 39 cent.

17 — *Étang dans l'Isère, soleil couchant* (signé et daté 1875).

Sur bois, cadre noir.

Haut., 35 cent., larg., 45 cent.

18 — *Baigneurs dans le ravin d'Iseron* (signé et daté 1857.)

Sur toile, cadre doré.

Haut., 40 cent.; larg., 32 cent.

19 — *Vue prise à Crémieu* (signé et daté 1850).

Sur toile, cadre noir, guilloché.

Haut., 18 cent ; larg., 23 cent

20 — *La Mouche, près de Lyon, paysage très clair* (signé et daté 1867).

Sur bois, cadre noir, guilloché.

Haut., 31 cent., larg., 40 cent.

21 — *Petite chute d'eau dans un bois* (signé).

Sur bois, cadre doré.

Haut., 45 cent.; larg., 36 cent.

22 — *Paysage sous bois* (signé et daté 1856).

Sur bois, cadre doré, à coins arrondis.

Haut., 42 cent ; larg., 3: cent.

23 — *Plaine dans l'Isère et arbres* (signé et daté 1851).

Sur bois, cadre doré.

Haut., 32 cent.; larg., 40 cent.

24 — *Bois taillis, effet de soleil couchant* (signé et daté 1857).

Sur bois, cadre doré.

Haut., 35 cent ; larg., 21 cent.

25 — *Petit bois taillis.*

Sur bois, cadre doré

Haut., 23 cent ; larg., 32 cent.

26 — *Paysage avec arbres.*

Sur bois, cadre doré.

Haut., 30 cent.; larg., 39 cent

27 — *Terrain marécageux et bois* (signé et daté 1859).

Sur bois, cadre doré.

Haut., 35 cent.; larg., 54 cent.

28 — *Étang sur la lisière d'un bois.*

Sur toile, cadre doré.

Haut., 88 cent.; larg., 148 cent.

29 — *Paysage dans la Bresse, tableau très brillant* (signé et daté 1868).

Sur toile, cadre doré.

Haut., 55 cent.; larg., 76 cent.

30 — *Chaumières dans une prairie aux environs de Crémieu* (signé).

Sur toile, cadre doré.

Haut., 47 cent.; larg., 78 cent.

31 — *Le Matin dans l'Isère, paysage d'une grande fraîcheur* (signé).

Sur toile, cadre doré.

Haut , 54 cent ; larg., 78 cent.

32 – *Environs de Crémieu, le soir* (signé et daté 1875).

Sur toile, cadre doré.

Haut , 54 cent.; larg., 65 cent.

33 — *Pâturages, environs de Crémieu* (signé et daté 1869).

Sur toile, cadre doré.

Haut., 49 cent ; larg , 78 cent.

34 — *Torrent dans un ravin (Isère)* (signé).

Sur toile, cadre doré.

Haut., 55 cent.; larg., 79 cent.

35 — *Plaine dans l'Isère, effet d'orage* (signé et daté 1865).

Sur toile, cadre doré.

Haut., 79 cent.; larg., 130 cent.

36 — *Arbres près d'une mare, le soir,* très bon tableau (signé).

Sur toile, cadre doré.

Haut., 63 cent.; larg., 95 cent.

37 — *Étang en Bresse, effet de soleil,* paysage clair et lumineux (signé et daté 1871).

Sur toile, cadre doré.

Haut., 65 cent.; larg., 95 cent.

38 — *Cascade dans le bois* (signé et daté 1868).

Sur toile, cadre doré.

Haut., 64 cent.; larg., 94 cent.

39 — *Chaumière au bord de l'eau* (signé du monogramme et daté 1834).

Sur toile, cadre doré.

Haut., 60 cent.; larg., 82 cent.

40 — *Paysage au printemps.*

Sur toile, cadre doré.

Haut., 35 cent.; larg., 53 cent.

41 — *Orage dans l'Isère.*

Sur toile, cadre doré.

Haut., 36 cent.; larg., 52 cent.

42 — *Paysage, clair de lune.*

Sur toile, cadre doré.

Haut., 38 cent.; larg., 59 cent.

ÉTUDES PEINTES

SUR TOILE, BOIS OU CARTON

ET ENCADRÉES

43 — *Paysage, environs de Crémieu.*
Haut., 14 cent.; larg., 26 cent.

44 — *Paysage.*
Haut., 20 cent.; larg., 31 cent.

45 — *Paysage.*
Haut., 20 cent.; larg., 31 cent.

46 — *Paysage, avec étang.*
Haut., 21 cent.; larg., 26 cent.

47 — *Sous bois, à Pont-de-Chéruy.*
Haut., 36 cent ; larg., 26 cent.

48 — *Paysage et personnage.*
Haut., 27 cent.; larg., 23 cent.

49 — *Rochers.*
Haut., 18 cent.; larg., 36 cent.

50 — *Ferme avec personnages.*
Haut., 21 cent.; larg., 30 cent.

51 — *Vue prise à Saint-Didier-au-Mont-d'Or.*

Haut., 21 cent.; larg., 29 cent.

52 — *Paysage.*

Haut., 27 cent; larg., 36 cent

53 — *Ruines du château de Saint-Hippolyte, à Crémieu.*

Haut, 27 cent; larg, 28 cent.

54 — *Paysage, soleil levant.*

Haut., 26 cent; larg., 31 cent

55 -- *Paysage à Pont-de-Chéruy.*

Haut, 23 cent., larg, 32 cent.

56 — *Paysage.*

Haut., 18 cent; larg, 24 cent

57 — *Paysage à Pont-de-Chéruy.*

Haut, 22 cent.; larg., 31 cent.

58 — *Paysage.*

Haut., 23 cent.; larg., 34 cent.

59 — *Vue prise à Pont-de-Chéruy.*

Haut., 22 cent.; larg., 29 cent.

60 — *Mare et vaches.*

Haut., 22 cent.; larg., 32 cent.

61 — *Vue prise à Pont-de-Chéruy.*

Haut, 23 cent; larg., 30 cent.

62 — *Étang de Charmié en Bourgogne.*

Haut., 25 cent.; larg., 34 cent.

63 — *Vallée de Suran (Ain).*

Haut., 16 cent.; larg., 34 cent.

64 — *Vue prise à la Grande-Chartreuse en 1844.*

Haut., 26 cent; larg., 34 cent.

65 — *Chaumière et personnages.*

Haut., 26 cent.; larg., 40 cent.

66 — *Vue prise à Sainte-Colombe.* 1844.

Haut., 23 cent.; larg., 34 cent.

67 — *Paysage à Charvieux, soleil couchant.*

Haut., 20 cent.; larg., 31 cent.

68 — *Paysage d'automne.*

Haut., 25 cent.; larg., 31 cent.

69 — *Vue du Suran (Ain).*

Haut., 21 cent.; larg., 35 cent.

70 — *Étang dans la Bresse.*

Haut., 19 cent.; larg., 36 cent.

71 — *Paysage avec rochers.*

Haut., 26 cent.; larg., 37 cent.

72 — *Étude d'arbres.*

Haut. 29 cent.; larg., 22 cent.

73 - *Paysage.*

Haut, 20 cent.; larg., 34 cent.

74 — *Vue prise à Neuville-sur-Ain.*

Haut., 19 cent.; larg., 34 cent.

75 — *Paysage à Crémieu.*

Haut, 21 cent.; larg., 31 cent

76 — *Paysage.*

Haut,, 20 cent; larg., 29 cent

77 - *Vue prise à Crémieu.*

Haut,, 22 cent.; larg., 31 cent

78 — *Paysage.*

Haut, 19 cent; larg., 29 cent.

79 — *Paysage à Crémieu.*

Haut, 17 cent.; larg, 28 cent

80 — *Paysage et vaches.*

Haut, 21 cent; larg., 25 cent.

81 — *Paysage.*

Haut,, 23 cent; larg., 31 cent

82 — *Paysage.*

Haut., 23 cent; larg, 33 cent

83 - *Études d'arbres.*

Haut, 30 cent.; larg., 21 cent

84 — *Paysage et animaux.*

Haut., 23 cent ; larg., 30 cent.

85 — *Paysage et personnages, Crémieu.*

Haut , 23 cent.; larg., 30 cent.

86 - *Paysage et personnages, Pont-de-Chéruy.*

Haut., 22 cent.; larg., 30 cent.

87 — *Paysage avec mare et vaches.*

Haut., 17 cent.; larg., 30 cent.

88 — *Paysage et étang.*

Haut., 19 cent.; larg., 32 cent.

89 - *Paysage et étang.*

Haut., 18 cent.; larg , 31 cent.

90 — *Bords du ruisseau.*

Haut., 23 cent.; larg., 31 cent.

91 — *Paysage et personnages* (signé et daté 1861).

Haut., 28 cent.; larg., 37 cent.

92 — *Paysage avec rochers* (signé du monogramme et daté 1867).

Haut., 27 cent., larg., 37 cent.

93 — *Paysage à Charmier.* 1846.

Haut., 25 cent.; larg., 35 cent.

94 — *Paysage et rochers, soleil levant* (signé et daté 1864).

Haut., 29 cent ; larg., 37 cent.

95 — *Vue prise à la Grande-Chartreuse.*

Haut., 27 cent., larg., 36 cent.

96 — *Vue prise à Crémieu.*

Haut., 20 cent.; larg., 33 cent.

97 — *Paysage.*

Haut., 22 cent.; larg. 30 cent.

98 — *Le couvent de la Grande-Chartreuse.*

Haut., 27 cent., larg., 37 cent.

99 — *Vallée de la Fuse, à Crémieu.*

Haut., 28 cent.; larg., 37 cent.

100 — *Paysage.*

Haut., 28 cent.; larg., 37 cent.

101 — *Vue prise à Crémieu.*

Haut., 22 cent.; larg., 34 cent.

102 — *Paysage.*

Haut., 25 cent.; larg., 18 cent.

103 — *Paysage.*

Haut., 17 cent.; larg., 25 cent.

104 — *Environs de Crémieu.*

Haut., 22 cent.; larg., 36 cent.

105 — *Paysage, avec étang.*

Haut., 27 cent.; larg., 38 cent.

106 — *Paysage.*

Haut , 28 cent.; larg., 37 cent

107 — *Paysage, environs de Crémien.*

Haut., 22 cent ; larg., 17 cent.

108 — *Environs de Crémieu.*

Haut., 13 cent.; larg., 25 cent.

109 — *Paysage avec personnages, à Pont-de-Chéruy.*

Haut., 20 cent.; larg., 29 cent.

110 — *Paysage et animaux.*

Haut., 19 cent.; larg , 26 cent.

111 — *Paysage et animaux, à Pont-de-Chéruy.*

Haut., 18 cent.; larg , 25 cent.

112 — *Paysage* (signé du monogramme et daté 1862).

Haut., 28 cent.; larg., 25 cent.

113 — *Paysage, soleil couchant.*

Haut., 17 cent.; larg., 30 cent.

114 — *Paysage.*

Haut., 20 cent.; larg., 26 cent.

115 — *Environs de Crémieu.*

Haut., 22 cent.; larg., 29 cent.

116 — *Paysage.*

Forme ovale.

Haut , 22 cent.; larg., 30 cent.

117 — *Paysage.*

Haut., 28 cent.; larg., 37 cent.

118 — *Ruisseau, avec cascade et pêcheur.*

Haut., 19 cent.; larg., 30 cent.

119 — *Ruisseau et cascade, à Pont-de-Chéruy.*

Haut., 15 cent.; larg., 28 cent.

120 — *Paysage, avec rochers* (signé et daté 1864).

Haut., 15 cent.; larg., 28 cent.

121 — *Environs de Crémieu.*

Haut., 25 cent.; larg., 30 cent.

122 — *Ferme à Sainte-Colombe (Isère).* 1845.

Haut., 23 cent.; larg., 36 cent

123 — *Vaches au pâturage.*

Haut., 27 cent.; larg., 37 cent.

124 — *Ferme dans l'Isère.*

Haut., 36 cent.; larg., 27 cent

125 — *Bords du Rhône, crépuscule.*

Haut., 27 cent.; larg., 36 cent.

126 — *Paysage et animaux.*

Haut., 28 cent.; larg., 35 cent.

127 — *Paysage, environs de Crémieu.*

Haut., 16 cent ; larg., 28 cent.

128 — *Paysage.*

Haut., 27 cent.; larg., 34 cent.

129 — *Ferme en Dauphiné.* 1826.

Haut., 28 cent.; larg., 37 cent.

130 — *Paysage.*

Haut., 20 cent.; larg., 36 cent.

131 — *Paysage à Neuville (Ain).*

Haut., 25 cent.; larg., 32 cent.

132 — *Vue prise à Crémieu.*

Haut., 15 cent.; larg., 35 cent.

133 — *Environs de Crémieu.* 1847.

Haut., 19 cent.; larg., 36 cent.

134 — *Vue prise en forêt.*

Haut., 23 cent.; larg., 31 cent.

135 — *Le Suran (Ain)* (signé).

Haut., 29 cent.; larg., 36 cent.

136 — *Environs de Crémieu.*

Haut., 22 cent.; larg., 32 cent.

137 — *Torrent de la Grande-Chartreuse.*

Haut., 22 cent.; larg., 30 cent.

138 — *Paysage en montagne.*

Haut., 27 cent.; larg., 29 cent.

139 — *Vue du quai du Rhône.*

Haut., 30 cent.; larg., 47 cent.

140 — *Paysage avec mare* (signé et daté 1884).

Haut., 32 cent ; larg., 44 cent.

141 — *Étang et animaux, effet de lune.*

Haut., 36 cent.; larg., 48 cent.

142 — *Paysage et marine, crépuscule.*

Haut., 35 cent.; larg., 50 cent.

143 — *Paysage* (signé).

Haut., 30 cent.; larg., 53 cent.

144 — *Paysage* (signé et daté 1868).

Haut., 35 cent.; larg., 52 cent.

145 — *Paysage.*

Haut., 23 cent.; larg., 30 cent.

146 — *Paysage dans l'Isère, effet d'orage* (signé et daté 1861).

Haut., 28 cent.; larg., 37 cent.

147 — *Étude dans les bois.*

Haut., 26 cent.; larg., 39 cent.

148 — *Paysage dans l'Isère.*

Haut., 40 cent.; larg., 31 cent.

149 — *Bords du lac de Genève.*

Haut., 19 cent.; larg., 33 cent.

150 — *Paysage.*

Haut., 28 cent.; larg., 36 cent.

151 — *Étude de paysage.*

Haut., 23 cent.; larg., 31 cent.

152 — Une trentaine d'études peintes et encadrées seront vendues séparément sous ce numéro et environ 75 études peintes, non encadrées.

DESSINS

LAVIS A L'ENCRE DE CHINE OU SÉPIA, REHAUSSÉ DE BLANC; DESSINS A DEUX OU TROIS CRAYONS ET A LA PLUME, ET DESSINS REHAUSSÉS D'AQUARELLE

DESSINS SOUS VERRE ET BAGUETTES D'ENCADREMENT

153 — *Bois taillis.*

Aux deux crayons. 20 juillet 1863.

155 — *Grands arbres.*

Aux deux crayons. 2 août 1854.

156 — *Paysage.*

Pastel, effet de nuit. 1859.

157 — *Arbres près d'une mare.*

Aux deux crayons.

158 — *Paysage.*

Aux deux crayons. 25 juillet 1865.

DESSINS ENCARTÉS

159 — *Bois taillis* (signé).
Lavis. 11 juillet 1837.

160 — *Paysage et vaches, barque à droite* (signé).
Trois crayons.

161 — *Rochers et arbres dans un vallon.*
Trois crayons. 15 juillet 1861.

162 — *Pêcheurs* (signé).
Plume et encre de Chine. 25 avril 1866.

Bords de la rivière, arbres à droite.
Sépia.

163 — *Grand chemin et ravin.*
Lavis.

164 — *Entrée du bois.*
Lavis.

165 — *Terrain raviné, arbres à droite* (signé).
Trois crayons. 19 août 1861.

166 — *Cavalier traversant le cours d'eau* (signé).
Lavis. 6 juillet 1862.

167 — *Bœuf traversant un gué.*
Lavis.

168 — *Bœuf au pied d'un grand arbre* (signé).
Lavis. 24 mai 1857.

169 — *Lisière du bois* (signé).
Lavis. 1864.

170 — *Les Charmais* (signé).
Crayon noir. 1848.

171 — *Sous bois* (signé).
Deux crayons. 1850.

172 — *Grand arbre* (signé).
Deux crayons. Septembre 1851.

173 — *Arbre mort* (signé).
Deux crayons. 21 juillet 1861.

174 — *Taillis.*
Deux crayons.

175 — *Les Bœufs traversant le gué* (signé).
Deux crayons. 28 juillet 1865.

176 — *Terrains* (signé).
Lavis. 26 mai 1862.

177 — *Arbres élagués* (signé).
Lavis.

178 — *Les Charmiers.*
Lavis. Septembre 1849.

179 — *Forêt, grand arbre coupé à droite.*
Lavis.

180 — *Arbre isolé et cours d'eau.*
Lavis. 11 février 1863.

181 — *Chemin dans le bois* (signé).
Lavis.

182 — *Terrains et taillis.*
Lavis. 26 août 1864.

183 — *Éclaircie dans le bois* (signé).
Plume.

184 — *Arbres contre une balme.*
Lavis et aquarelle. 3 août 1860.

185 — *Arbres et cours d'eau, cavalier au fond.*
Lavis et aquarelle. 3 août 1860.

186 — *Cours d'eau, bois et rochers.*
Lavis et plume. 18 juillet 1862.

187 — *Homme près d'une mare, arbres à droite.*
Lavis. 6 août 1850.

188 — *Vaches traversant un terrain marécageux à Optevoz.*
Lavis et blanc.

189 — *Mare à l'entrée d'un bois.*
Lavis et aquarelle. 18 septembre 1850.

190 — *Petits arbres.*
Plume. 25 avril 1881.

191 — *Bord de la mer, pointe de la Croix.*
Lavis et bleu. 8 mars 1881.

192 — *Terrains et arbres, le soir.*
Lavis et aquarelle.

193 — *Bords de la mer, le soir.*
Lavis et aquarelle.

194 — *Arbres et terrains.*
Lavis et sanguine.

Cavalier au bord de la mer, effet d'orage.
Lavis et aquarelle.

195 — *Moutons au pâturage et bergers.*
Plume et blanc. 25 août 1880.

196 — *Le val Ombrosa.*
Plume. 28 février 1882.

197 — *Rivière et bateau.*
Plume et lavis.

198 — *Le val Ombrosa.*
Plume. 25 février 1882.

199 — *Paysan, cavalier et chien.*
Plume. 8 septembre 1881.

200 — *Terrain et rivière, le soir.*
Plume et sanguine. 22 septembre 1881.

201 — *Près de Crémieu.*
Plume. 30 septembre 1881.

202 — *La Croisette, Cannes.*
Plume. 21 janvier 1882.

203 — *Vallergues.*
Plume. 5 mai 1884.

204 — *Saint-Cassien.*
Trois crayons. 17 février 1881.

205 — *La Croisette.*
Lavis et plume. Décembre 1881.

206 — *Optevoz.*
Lavis et blanc.

207 — *Chemin voyer d'Optevoz.*
Lavis et blanc.

208 — *La Mare de Beaulieu.*
Lavis et plume.

209 — *Optevoz.*
Lavis et blanc. 1850.

210 — *Le Soir* (Isère).
Lavis et aquarelle. 1868.

211 — *Arbres près d'une mare.*
Lavis. Septembre 1853.

212 — *Vaches s'abreuvant* (Isère).
Deux crayons. 1857.

213 — *Petit bois.*
Lavis et blanc. 1851.

214 — *Étang de Gilleul.*
Deux crayons. 21 septembre 1862.

215 — *Arbres et rochers à Crémieu.*
Lavis et blanc. 1849.

216 — *Arbres et taillis.*

Deux crayons. 12 août 1850.

217 — *Éclaircie dans le bois.*

Deux crayons. 11 octobre 1859.

218 — *Bois de l'Étoile à Charbonnières.*

Deux crayons. 18 septembre 1857.

219 — *Bois de l'Étoile à Charbonnières.*

Deux crayons. 10 novembre 1857.

220 — *Bords de l'Iseron.*

Deux crayons. 25 octobre 1850.

221 — *Arbres isolés et forêt.*

Deux crayons. 15 septembre 1852.

222 — *Étude de chênes à Pont-de-Chéruy.*

Deux crayons. 28 août 1855.

223 — *Chemin dans le bois.*

Deux crayons. 18 septembre 1857.

224 — *L'Arbre coupé.*

Deux crayons. 23 août 1855.

225 — *Optevoz.*

Deux crayons. 8 août 1859.

226 — *Mare dans le bois.*

Deux crayons. 18 octobre 1864.

227 — *Étude dans le bois.*

Deux crayons. 6 juillet 1852.

228 — *Charriot sur le chemin du lac de Moraz* (Isère).

Deux crayons. 22 juillet 1861.

229 — *Grands arbres.*

Deux crayons. 30 août 1863.

230 — *Mare entourée de bois.*

Deux crayons. 6 août 1854.

231 — *Vaches dans le bois.*

Deux crayons.

232 — *Optevoz, l'hiver.*

Deux crayons. 8 avril 1859.

233 — *Le Bois en hiver.*

Deux crayons. 10 novembre 1857.

234 — *Étude d'arbres.*

Deux crayons, forme ovale. Juin 1854.

235 — *Vue prise dans l'Isère.*

Deux crayons. 11 octobre 1861.

236 — *Petit torrent dans le bois.*

Deux crayons. 1er mars 1855.

237 — *Le Sentier de Moraz, près Crémieu.*

Deux crayons.

238 — *Jeunes arbres.*

Deux crayons. 6 octobre 1856.

239 — *Forêt.*

Deux crayons. 8 août 1854.

240 — *Étang de Charvieu* (Isère).

Deux crayons. 29 août 1853.

241 — *Étang de Charvieu* (Isère).

Deux crayons. 14 septembre 1852.

242 — *Torrent et rochers.*

Deux crayons. 10 octobre 1858.

243 — *Paysans dans le bois.*

Deux crayons. 5 octobre 1852.

244 — *Bords de la Bourbre à Pont-de-Chéruy.*

Deux crayons.

245 — *Deux arbres près d'une mare* (signé).

Deux crayons. 5 août 1854.

246 — *Paysage.*
Deux crayons. 15 juillet 1851.

247 — *La Mouche, près Lyon.*
Deux crayons. 27 août 1858.

248 — *Taillis et grands arbres.*
Deux crayons. 1er octobre 1847.

249 — *Vaches au pâturage.*
Deux crayons. 14 mars 1858.

250 — *Vallée de Bonnand, près Lyon.*
Deux crayons. 25 mars 1860.

251 — *Paysans près d'une petite rivière.*
Deux crayons. 5 août 1860.

252 — *Chemin à Optevoz.*
Deux crayons. 14 mars 1862.

253 — *A la Valla* (Isère).
Deux crayons.

254 — *Grands arbres.*
Deux crayons. 1853.

255 — *Route au bord de la forêt.*
Deux crayons. 23 juin 1850.

256 — *Paysage.*
Lavis et plume. 1851.

257 — *Bateau.*
Plume.

258 — *Paysan et cavalier.*
Lavis sépia. 1856.

259 — *Paysage.*
Lavis, sanguine et bleu.

260 — *Paysage.*
Lavis sépia. 2 août 1876.

261 — *Pêcheurs à la ligne.*
Lavis.

262 — *Sainte-Colombe.*
Lavis sépia. 1865.

263 — *Paysages.*
Deux lavis sur une feuille.

264 — *Paysage.*
Lavis sépia. 1853.

265 — *Vallée à Crémieu.*
Lavis et plume. 24 juillet 1861.

266 — *Paysage.*

Lavis sépia.

267 — *Champ de blé.*

Lavis. 21 juillet 1857.

268 — *Optevoz.*

Lavis. 1855.

269 — *Pêcheurs.*

Lavis. 10 juillet 1857.

270 — *Paysage.*

Lavis. 10 juillet 1857.

271 — *Bords de la Bourbre.*

Lavis. 2 septembre 1852.

272 — *Vaches dans un bois accidenté.*

Trois crayons. 1855.

273 — *Taillis et chasseur.*

Deux crayons.

274 — *Chalamont.*

Lavis. 1846.

275 — *Vaches s'abreuvant dans un étang à Saint-Paul.*

Lavis, non encarté. 1846.

276 — *Arbres et étang à Chalamont.*
Lavis, non encarté. 1846.

277 — *Chemin longeant le bois, à Chalamont.*
Lavis, non encarté. 1843.

278 — *Grands rochers et fabriques.*
Lavis, non encarté. 15 mai 1842.

279 — *Arbres et terrain marécageux.*
Lavis. 1868.

280 — *Plaine et champ de blé.*
Lavis. 10 juin 1852.

281 — *Marécages.*
Lavis.

282 — *Chemin dans le bois.*
Lavis. 26 Octobre 1855.

283 — *Paysage.*
Lavis sépia, forme ovale. 30 octobre 1849.

284 — *Arbres.*
Lavis et plume. 1863.

285 — *Arbres élancés.*
Deux crayons. 1858.

286 — *Saules et rochers.*

Lavis et deux crayons, coins arrondis. 12 septembre 1850.

287 — *Bateliers, bords du Rhône.*

Lavis et plume. 1867.

288 — *Rochers et masse d'arbres.*

Lavis et deux crayons.

289 — *Pont.*

Lavis et deux crayons. 1863.

290 — *Forêt et rochers.*

Lavis.

291 — *Bergers et vaches.*

Lavis sépia. 29 mars 1862.

292 — *Homme conduisant un âne.*

Lavis et plume.

293 — *Ravin et rochers* (Isère).

Lavis et deux crayons.

294 — *Torrent dans le ravin à Iseron.*

Lavis. 1848.

295 — *Petit cours d'eau et arbres.*

Lavis et plume.

296 — *Saules près d'un cours d'eau.*
Lavis. Septembre 1862.

297 — *Village près d'un marais.*
Lavis, forme ovale.

298 — *Rochers et taillis.*
Lavis et deux crayons. 26 août 1855.

299 — *Paysage et cavalier dans l'Isère.*
Lavis. 26 août 1851.

300 — *Plaine accidentée et montagne.*
Lavis.

301 — *L'Écluse de l'étang.*
Lavis.

302 — *Rochers et arbres près d'un étang, soleil couchant.*
Lavis sépia, coins arrondis.

303 — *Rochers et arbres, soleil au fond.*
Lavis. 1861.

304 — *Petit cours d'eau dans un vallon.*
Deux crayons. 18 avril 1854.

305 — *Étang, soleil couchant.*
Lavis et aquarelle.

306 — *Optevoz.*

Deux crayons.

307 — *Grands arbres, soleil couchant.*

Lavis et aquarelle. 1872.

308 — *Barques.*

Deux crayons.

309 — *Bateau de pêcheurs au filet.*

Deux crayons. 20 octobre 1879.

310 — Environ 600 dessins, lavis, croquis, études non catalogués seront vendus par lot.

EAUX-FORTES

Ces Eaux-fortes ne sont pas dans le commerce, M. Allemand, les tirait lui-même et à très petit nombre pour les offrir à ses amis. Celles que nous mettons en vente sont pour la plupart du premier état et beaucoup sont très rares, les planches ayant été détruites.

Le temps nous a manqué pour les classer dans l'ordre indiqué par Charles Le Blanc, *Manuel de l'Amateur d'estampes*, tome I, page 25 et suivantes.

50 planches sont décrites mais la collection complète se compose de 66 pièces :

311 — Douze épreuves.

312 — Trente épreuves.

313 — Trente épreuves.

314 — Vingt-sept épreuves, presque toutes de premier état.

315 — Treize épreuves.

316 — Vingt-huit belles épreuves.

317 — Trente pièces.

318 — Trente pièces

319 — Trente belles épreuves.

320 — Douze épreuves.

321 — Trente-cinq épreuves.

322 — Douze épreuves.

323 — Trente épreuves.

324 — Vingt-cinq épreuves.

325 — Dix-neuf épreuves avec remarques.

Ces lots sont classés dans l'ordre où nous les avons trouvés dans les cartons de l'artiste mais ils pourront se diviser au gré de l'amateur.

CATALOGUE

DES

TABLEAUX ANCIENS

DESSINS ET GRAVURES

d'Artistes Lyonnais

DES

TRÈS RARES ET BELLES EAUX-FORTES

de Rembrandt

Plus environ

DIX-MILLE GRAVURES

DES

Écoles Italienne, Flamande, Allemande et Française

ET

QUELQUES OUVRAGES SUR LA GRAVURE ET LA PEINTURE

Formant la

COLLECTION

de feu

M. L. H. ALLEMAND

PEINTURES

ÉCOLE HOLLANDAISE (XVIIe siècle).

326 — *Paysage en Hollande.*

Au milieu une allée d'arbres qui fuit vers la droite, un chemin à gauche va rejoindre cette allée et se dirige vers un village que l'on aperçoit dans le lointain, trois figures animent ce tableau.

Sur bois, cadre doré.

Haut., 41 cent., larg., 43 cent.

BRAUWER (ADRIEN). 1608-1640.

327 — *Buste d'homme.*

Un homme vu mi-corps, tourné vers la droite, la tête levée, son regard semble menaçant et se fixe au-dessus de lui, sa main droite se crispe et paraît serrer un couteau.

Sur bois, cadre doré.

Haut., 23 cent., larg., 17 cent.

CUYP (Albert). 1606-1664 ou 1605-1672.

328 — *Une ferme en Hollande.*

A gauche une grande ferme devant laquelle un bouvier frappe des vaches pour les forcer à quitter une mare où elles s'abreuvent; au second plan un cavalier se dirige vers la droite, au fond une ville dont on aperçoit les fortifications, montagnes au lointain, ciel nuageux.

Sur toile, cadre doré.

Haut., 44 cent ; larg., 54 cent.

HUYSMANS (Corneille dit Huysmans de Malines). 1648-1727.

329 — *Paysage accidenté.*

Dans un ravin sauvage, un chemin conduit vers une balme sur laquelle on voit une femme; quelques arbres tordus et rabougris végètent sur la balme, cette peinture est traitée d'une façon magistrale.

Sur toile, cadre doré.

Haut., 29 cent.; larg., 39 cent.

WATTERLOO (Antoine). 1618-1662.

330 — *Paysage.*

Bouquet d'arbres au bord d'un chemin sur lequel il y a trois personnages et un chien.

Les figures sont peintes par Weenix.

Une gravure de Waterloo d'après ce tableau est collée derrière le panneau.

Sur bois, cadre doré.

Haut., 41 cent.; larg., 36 cent.

HOBBEMA (MEINDERT). Florissait vers 1660.

331 — *Paysage.*

La partie gauche est occupée par un terrain accidenté et une route qui descend vers le milieu du tableau et tourne ensuite vers une pièce d'eau, devant laquelle on voit des arbres, au lointain une ville masquée par la verdure et dont on aperçoit les clochers; le soleil venant du fond produit un très bel effet dans les masses des feuillages et sur quelques parties du terrain, un paysan chargé d'une hotte se voit sur le chemin à gauche. Ce tableau est signé.

Sur bois, cadre doré.

Haut., [illegible] cent.; larg., [illegible] cent.

RUYSDAEL (SALOMON). 1610-1670.

332 — *Chaumières et baraques près d'un petit bois.*

Sur un terrain un peu en pente on voit une réunion de baraques et une longue clôture en planches avec des arbres derrière, à droite des paysans causent et se reposent de l'autre côté d'autres travaillent.

Ce beau paysage est peint dans la manière de Van Goyen. Le ciel a une légèreté merveilleuse.

Sur bois, cadre doré.

Haut., 30 cent.; larg., 45 cent.

ÉCOLE HOLLANDAISE

333 — *Effet de lune.*

Elle est derrière un village, à gauche, ses reflets se projettent dans une mare, un terrain plat occupe le côté droit du tableau.

Sur bois, cadre doré.

Haut., [illegible] cent.; larg., [illegible] cent.

RUYSDAEL (JACOB). 1630-1681.

(Ou peut-être Everdengen.)

334 — *Grand bois sur un terrain en pente.*

A gauche un chemin qui descend dans un ravin, des bois très touffus garnissent le premier plan, au-dessus de la cîme des arbres on aperçoit le toit rouge d'une maison et plus loin des montagnes, un homme tenant un grand bâton est assis à droite, il cause avec une femme qui conduit son enfant par la main, des chiens sont auprès d'eux, à gauche, vers le haut du chemin, un homme sort du bois, il semble épier les personnes qui causent plus bas, à droite une femme sort également de la forêt : les arbres sont très bien dessinés et l'impression générale de ce beau tableau est tranquille et mélancolique, le ciel très transparent est chargé de nuages. Les figures bien traitées paraissent être de Berghem.

Sur bois, cadre doré.

Haut., 45 cent ; larg., 65 cent.

RUYSDAEL (JACOB).

335 — *Paysage.*

Site accidenté et sablonneux, à droite une masse de rochers couverts de végétations et d'arbres, un chemin suit les sinuosités du terrain, le ciel est nuageux et quelques rayons de soleil s'accrochent sur les arbres et les terrains, des petits personnages complètent cette composition d'une grande originalité.

Ce tableau quoique non signé est certainement du maître et nous le recommandons spécialement.

Sur bois, cadre doré.

Haut., 30 cent.; larg., 28 cent.

RUYSDAEL (Salomon). 1610-1670.

336 — *Puits près d'un canal.*

A droite une bergère assise et trois chèvres au repos, plus loin une femme vient de puiser de l'eau au puits, au milieu un homme et un enfant se dirigent vers un petit bois dont l'entrée est près du puits, à gauche au lointain un canal sur lequel on voit des barques à voiles, ciel nuageux.

Sur bois, cadre doré.

Haut., 39 cent.; larg., 42 cent.

NEER (Aert ou Arnoult van der). 1619-1683.

337 — *Clair de lune.*

La lune se lève derrière un massif d'arbres, à droite et du même côté se trouvent des maisons au bord d'un canal; à gauche d'autres maisons et bateau à voile au premier plan des pêcheurs viennent de lever un grand filet et mettent les poissons dans un baquet, et la lune se reflète dans l'eau qui tient tout le milieu du tableau.

Sur toile, cadre doré.

Haut., 23 cent; larg., 29 cent.

RUYSDAEL (Jakob). 1630-1680.

338 — *Le Moulin à eau.*

Le sujet de ce tableau a été gravé par J.-J. de Boissieu. il est malheureusement couvert de nombreuses restaurations.

Sur toile, cadre doré.

Haut., 62 cent; larg., 79 cent.

JARDIN (KAREL DU). 1635-1678.

339 — *Paysage italien.*

A gauche une masse de rochers et terrain très élevé sur lequel on voit des fortifications et la porte en ruine d'une petite ville, un chemin descend dans la vallée qui est terminée par des montagnes, un homme conduisant un âne chargé passe près d'une mare où des femmes lavent du linge. Paysage très lumineux.

Sur bois, cadre doré.

Haut., 36 cent ; larg., 25 cent.

RUYSDAEL (JAKOB). 1630-1680.

340 — *Paysage.*

Lisière d'un bois dont l'entrée est à gauche, un terrain un peu élevé se voit de l'autre côté, un chemin traverse cette élévation où se trouvent quelques petits personnages, ciel nuageux très fin.

Bon tableau également bien authentique du maître.

Sur bois, cadre doré.

Haut., 25 cent.; larg., 26 cent

HOBBEMA (MEINDERT).

(Attribué à)

341 — *La ferme dans le bois.*

Une grande ferme à droite, elle est entourée de beaux arbres et de palissades en planches, une éclaircie dans le bois près de la maison est brillamment éclairée, quelques personnages donnent de la vie à cette charmante composition qui est signée en toute lettre et datée 1617.

Sur bois cadre doré.

Haut., 51 cent.; larg., 65 cent.

RUYSDAEL (Jakob). 1630-1680.

342 — *Paysage.*

Chemin planté d'arbres et suivant le cours d'une petite rivière de l'autre côté de laquelle se trouvent quelques maisons et un coteau couvert de verdure, un homme vu de dos portant un fardeau suit le chemin, il est précédé de son chien. Tableau très clair. Signé du monogramme du maître.

Sur bois, cadre doré.

Haut., 22 cent.; larg., 2[illegible] cent

ÉCOLE HOLLANDAISE

343 — *Paysage.*

A droite une ferme derrière un gros arbre, en face une femme vue de dos indique le chemin à un homme qui se dirige à gauche, plus en avant un personnage debout tient son chien en laisse.

Sur bois, cadre doré.

Haut., 40 cent : larg., 52 cent

DESSINS

DES ARTISTES LYONNAIS ET AUTRES

ANCIENS ET MODERNES

344 — Dessin à la plume attribué à A. CARRACHE.

345 — Aquarelle de CHANCOURTOIS. *Vue du château Saint-Elme.*

346 — Lavis et crayons. Onze dessins du commencement du siècle.

347 — Dessin de RUMBOUTS et deux autres dessins.

348 — Cinq croquis et dessins divers.

349 — Dessin aux deux crayons, par DUCLAUX :
— — *Charbonnières.*

350 — — — *Le Petit-Pont.*

351 — — — *Saint-Romain.*

352 — — — *Chemin sur la montagne.*

353 — — — *Pris à Fontaine.*

354 — — — — *à Uriage.*

355 — — — — *à Chênes.*

356 — — — *Arbres déracinés.*

357 — — — *Champs de blé.*

358 — Croquis, dessins, aquarelles de FLACHERON, LADEVÈZE, LHEMAN, HARPIGNIES, FLANDRIN, SOUCHON dit BOGLOVER, FRANÇAIS, HUGON, REIGNIER, FONVILLE père, BARON, THIERRIAT, PERRET, A. SICARD.

Ces dessins se vendront séparément.

359 — Environ quarante dessins d'artistes lyonnais et autres.

Ce lot sera divisé.

GRAVURES A L'EAU-FORTE

D'ARTISTES LYONNAIS ET AUTRES

MODERNES

360 — Épreuves signées A. C., 1835. Cinq pièces, différents états.

SOUCHON DIT BOGLOVER

361 — Vingt-huit épreuves.

J.-B. HUGON

362 — Vingt-cinq pièces.

J. JOYAN

363 — Deux pièces. *Vues de Venise.*

LALANNE

364 — *Rue des Marmousets.*

L. MARVY

365 — Huit pièces.

FLACHERON

366 — *Paysage.*

ENFANTIN

367 — Cinq pièces, dont une non terminée.

CHARLES JACQUES

368 — Vingt-huit pièces.

SUTTER ET BLERY

369 — Quatre pièces.

370 — *Paysages et sujets.* Quinze pièces.

DUCLAUX

371 — Trente-trois pièces.

REYBAUD

372 — Trois pièces.

J. AGHARD

373 — Une pièce.

DAUBIGNY

374 — Dix-huit pièces.

375 — *Comment naissent les villes* (rare).

376 — *Le nid de l'aigle.*

J. BARON

377 — Quinze pièces.

J.-C. CHARMIER

378 — Vingt-deux pièces.

COURDOUAN

379 — Quatre pièces.

LOUIS GUY

380 — Douze pièces.

G. HADE

381 — *Vue de la Tamise.*

BELLAY

382 — *Tombereau attelé de deux chevaux.*

T. GIRAUD

383 — Une pièce.

H. MONNIER

384 — Une pièce.

PONTHUS-CINIER

385 — Trente-deux pièces.

BLANCHET

386 — Une pièce.

HARPIGNIES

387 — Cinq pièces.

CH. ROCHESSEN. 1855

388 — Neuf pièces, belles épreuves.

V. DE VILLERS

389 — Quatre épreuves.

A. MOLLINGER (d'Utrecht)

390 — Trois pièces.

L.-C. HORA SICCAMA (d'Utrecht). Amateur

391 — Neuf pièces.

J. VAN LOKHORST (d'Utrecht)

392 — Six vues d'Utrecht.

H, RYCKELYKHUYZEN (peintre d'Utrecht)

393 — Huit pièces.

P-L. DUBOURG (peintre d'Amsterdam)

394 — Cinq pièces.

J.-P. VAN WISFELING (d'Utrecht)

395 — Cinq pièces.

R. CRAEYVANGER (d'Amsterdam)

396 — Cinq pièces.

397 — Seize pièces diverses, modernes.

CH. GRAND (dessinateur lyonnais)

398 — Une pièce.

399 — Cinq épreuves diverses.

G. GIRARDON

500 — Dix-huit eaux-fortes réunies en album,

LEYMARIE

401 — Huit épreuves sur chine.

J.-M. GROBON

402 — *Bois de Rochecardon*. Belle épreuve, grande marge.

403 — *Bois de Rochecardon*. Épreuve avant la lettre.

404 — *Vue de l'église de Saint-Rambert*, 1795. Première eau-forte de Grobon (rare).

405 — *Portrait de l'auteur à l'âge de douze ans*, 1795. (Très rare).

J.-J. DE BOISSIEU

406 — *Homme, les mains croisées, vêtu d'un manteau noir,* 1809.

407 — *Paysage,* d'après RUYSDAEL.

408 — *Vue des bords de la rivière d'Ain,* 1774.

409 — *Villageois prêts à passer un gué,* 1803.

410 — *Paysage où est une baraque en planches,* 1803.

411 — *Les Petites laveuses.*

412 — *Paysage avec rivière et pont de bois.*

413 — *Chasseur sur la lisière du bois.*

414 — Trois pièces, mauvais état.

LITHOGRAPHIES

ARTISTES LYONNAIS ET AUTRES

415 — Carton contenant cent quarante-huit pièces.

Ce lot sera divisé.

416 — Soixante pièces.

Se vendront séparées en lots.

417 — Vingt lithographies de GÉRICAULT.

418 — Vingt-huit lithographies. *Chemin de fer Lyon à la Méditerranée.*

419 — FONVILLE, H. ALLEMAND, LEYMARIE, DUBUISSON, FLACHERON, SOUCHON. Quarante-deux pièces.

Peuvent se diviser.

420 — Quatorze pièces.

421 — Un lot de soixante-quinze photographies de JOGUET et BRAUN.

Sera divisé.

GRAVURES ANCIENNES

DE DIFFÉRENTES ÉCOLES

ALDEGREVER (Heinrich). 1502-1558

422 — *La Parabole du mauvais riche.* (B. 46.)

423 — *Marc Curse.* (B. 68.)

424 — *Les Danseurs de noces.* (B. 162), n° 3 de la suite de 12.

425 — *Saint Matthieu, saint Marc, saint Luc, saint Jean,* de la suite de 4 (B. 57 à 60.)

426 — *Apollon.* (B. 74), de la suite de 74 à 80.

Saturne. (B. 80), de la même suite.

427 — *La Parabole du Samaritain charitable.* (B. 43), de la suite de 4.

428 — *Pauperita,* 1549, avec 4 petites pièces anonymes collées sur la même feuille.

429 — *Gregorius dux milita martyr,* etc., avec 4 petites pièces anonymes sur la même feuille.

ALTDORFER (Albert), mort en 1538

430 — *Jahel et Sisara.* Pièce sur bois.

431 — *Saint Christophe portant l'Enfant Jésus.*

ANONYMES

432 — Une pièce sur bois du XVe siècle.

433 — *La Vierge et l'Enfant Jésus.*

434 — Une pièce sur bois du XVe siècle.

435 — *Satyre découvrant une femme endormie*, pièce avec le monogramme M·B·F.

436 — *Jésus couronnant la Vierge*, pièce ronde du XVe siècle, italienne.

437 — Petite pièce qui ressemble à un nielle.

438 — *La Vierge, l'Enfant Jésus et des Anges*, pièce ronde du XVe siècle, italienne.

439 — Autre petite pièce ressemblant à un nielle.

440 — *Porte-drapeau*, pièce attribuée à HOPFFER.

441 — Deux petites pièces rondes du XVIe siècle.

442 — Quatre petites pièces rondes ou ovales, XVIe siècle.

443 — Deux pièces ovales, XVIe siècle.

444 — Une pièce ronde du XVIe siècle.

445 — *Vieille femme*, très belle pièce dans la manière de REMBRANDT.

446 — *La Vierge, sainte Anne et saint Jean.*

447 — *Jésus succombe sous la Croix*, pièce du XVIe siècle.

448 — *Le Christ au tombeau.*

449 — *Retour de l'enfant prodigue*, pièce avec le monogramme M.

450 — *Armoiries d'un orfèvre florentin du* XVe *siècle* SM.

451 — Trois pièces, sujets de batailles du XVIe siècle.

452 — Trois pièces sur bois du XVe siècle.

453 — Une pièce allemande sur bois XVIe siècle.

454 — *La Vendange*, bois du XVIe siècle.

455 — *Bains romains*, très longue pièce sur bois du XVIe siècle, italienne.

456 — *La Cène*, longue pièce sur bois, XVIe siècle, italienne.

457 — Pièce allemande sur bois, XVIe siècle.

458 — *La Cène*, bois italien très curieux, date 1481. NR F. Très rare.

459 — *La Cène*, bois italien du XVe siècle.

460 — Pièce sur bois, XVIe siècle.

461 — *Christ en croix*, pièce allemande sur bois, XVIe siècle.

462 — *Adoration des bergers*, bois italien du XVIe siècle.

463 — *Écrivain*, pièce sur bois du XVe siècle.

464 — *Saint Sébastien, le Christ*, deux pièces sur bois du XVIe siècle.

465 — Une pièce sur bois du XVe siècle.

466 — Neuf pièces italiennes sur bois du XVIe siècle, sur la même feuille.

467 — Vingt petites pièces sur bois du XVIe siècle, sur la même feuille.

468 — Dix-neuf pièces italiennes, bois des XVe et XVIe siècles, sur la même feuille.

469 — *Tournois*, fragment d'une pièce allemande sur bois du XVIe siècle.

470. — Bois italien du XVIe siècle.

471 — Deux grandes pièces sur bois du XVIe siècle.

472 — Portrait sur bois.

473 — *Ascension de la Vierge*, grand bois italien du XVIe siècle (rare).

474 — Autre grand bois de la même époque.

475 — *Sybilles et prophètes*, quinze pièces signées d'un monogramme.

476 — *L'Enfant Jésus endormi*, pièce portant le monogramme G V F.

477 — Deux pièces, masques grotesques, avec cette marque IHS.

478 — *Les Péchés capitaux et le jugement dernier*, huit pièces très curieuses, d'après Brueghel le vieux, datées 1558 et la marque AE.

479 — *Saint Cristophe portant le Christ*, grand bois italien.

480 — Deux bois italiens.

481 — *Christ mort entouré de personnages*, bois italien, très curieux.

482 — Deux estampes.

ANESI (P.)

483 — *Paysage* (rare).

AKEN (JEAN VAN). XVIIe siècle.

484 — *L'Homme qui attache son soulier*, épreuve rare.

485 — *Bateau et rivière.*

486 — *L'Homme qui descend de la montagne, à gauche*, (rare).

BARLOW. XVIIe siècle

487 — *Le coq et le renard*, de la suite des fables d'Esope.

BEHAM (HANS SEBALD). 1500-1550.

488 — *Jésus souffleté.* (B. 87) de la suite de 84 à 91.

489 — *Jésus porté au tombeau* —

490 — *Jésus attaché à la croix* —

491 — *Le soldat amoureux.* (B. 202).

492 — *L'Armoirie à l'aigle.* (B. 257.)

493 — *Hercule et Antée.* (B. 99.)

494 — *Le Repos sous la tonnelle.* (B. 161.)

BALDRINI (Nicolo). xvie siècle

495 — *Vénus et l'amonr*, 1566, pièce sur bois.

496 — *Adoration des bergers* —

497 — *Saint Gérôme.*

498 — *Travaux de la campagne*, deux épreuves.

499 — *Milon de Crotone.*

BOYVIN (René). xvie siècle

500 — *La Nymphe de Fontainebleau*, d'après le Rosso.

BYE (Marc de). 1612-1670

501 — Trois pièces animaux, d'après Paul Potter.

502 — *Vaches.* (B. 20) avant le n° 2.

503 — *Bouc.* (B. 34) avant le n°.

504 — *Vache de profil, en léchant une autre qui est vue de face*, pièce non décrite.

505 — *Vaches se léchant.* (B. 95).

506 — *Moutons paissant.* (B. 24.)

507 — *Taureau.* (B. 97).

508 — *Vache couchée.* (B. 96.)

509 — *Taureau.* (B. 98.)

510 — *Mouton.* (B. 83.)

BRESCIA (Gioan Antonio da). Fin du XVe siècle

511 — *Hercule et Antée.* (L B. 17) copie d'une estampe de Montagna.

512 — *La Vierge et l'enfant Jésus.* (L B. 4.)

513 — Une pièce sur bois.

BELLAVIA (Marc Antonio). Vers 1600

514 — Trente pièces diverses.

BINCK, vers 1490

515 — *David*, une copie de cette pièce en contre-partie.

BISCAÏANO (Barthélemy). 1632-1657

516 — *Moïse sauvé des eaux*, superbe épreuve.

517 — *Adoration des rois.*

518 — *La Vierge allaitant l'enfant Jésus.*

BOOM (A. H. V.). XVIIe siècle

519 — *Le Hameau.*

520 — *La Pièce d'eau.*

Les deux seules pièces de ce maître, très rares.

BOTH (JEAN). 1620

521 — *Passage du bac.*

522 — *Femme montée sur un mulet*, 1er état avec les noms de BOTH et de MATHAM.

BRANDT (le jeune, FRÉDÉRIC-AUGUSTE), né en 1730

523 — *Paysage et rivière*, pièce en larg.

BIBIENA (G.), XVIIe siècle

524 — *Fête théâtrale*, belle et curieuse estampe.

525 — Autre feuille, architecture théâtrale.

526 — Trente planches.

Ce lot sera divisé.

BERRAIN, XVIIe siècle

527 — Dix-sept planches ornements, édition allemande.

BARBIER (F.), XVIIe siècle

528 — Treize planches, angles de chapelles.

BERRETINI, XVIIe siècle

529 — Quatre planches, plafonds.

BOUCHER, XVIIIe siècle

530 — Deux planches ornements, édition allemande.

BIGNON (F.), XVIIe siècle

531 — Six estampes, frises d'ornements de Z. Heince, sur trois feuilles.

BERGHEM (CLAS ou NICOLAS). 1624-1683

532 — *La Vache qui pisse.* B. 2, 1er état avec l'adresse de Wit.

533 — *Animalia,* etc. *Titre du cahier à l'homme,* 1er état avant le numéro et l'adresse.

534 — *Chiens,* épreuve avec le numéro.

535 — *Titre du cahier de la femme,* avant le numéro et l'adresse de MATHAM.

536 — *Brebis,* épreuve avec le n° 2.

537 — Frontispice de la suite du *Cahier à la femme,* avant le numéro et l'adresse.

538 — Pièce n° 7 du *Cahier à la femme.*

539 — *Le Pâtre jouant du flageolet,* 1er état avant la retouche au burin à gauche du terrain, avant le n° 51 dans la marge du bas.

540 — Sept pièces originales, plus deux copies des nos 9 et 11 de (B).

BELLA (STEFANO DELLA). 1610-1664

541 — *Paris, le Pont-Neuf.*

542 — Recueil de divers caprices, frises, etc., trente-trois pièces.

543 — Pièces diverses, quarante-neuf.

544 — *Paysage et marine*, douze pièces.

545 — Six pièces en rond.

546 — *Divers animaux*, seize pièces.

547 — *Divers*, vingt pièces.

548 — Une estampe, Fête.

549 — Quatre pièces diverses.

550 — *Jardins, grottes*, sept pièces.

551 — Dessins de quelques conduites de troupes et attaques de villes, dédiées à Mgr du Plesseys, douze pièces.

552 — *La Mort emportant des enfants*, et diverses pièces. En tout dix estampes.

553 — Trente-six petites pièces.

554 — Dix pièces diverses.

CIAMBERLANO (Lucas). 1599-1641

555 — *Les Chanteurs*, d'après Marc-Antoine (pièce rare).

CANTARINI (Simon). 1612-1648

556 — *Sainte Famille*. (B. 14.)

557 — *La Vierge, l'Enfant Jésus et saint Jean.* (B. 15).

558 — *La Vierge et l'Enfant Jésus.* (B. 19).

CHERUBINI (ALBERTO), né en 1552

559 — Vingt estampes d'après P. CARRAVAGIO.

CULMBACH (J.) de XVe siècle

560 — *La Prise de Jésus-Christ* (B. 2) de la suite de douze pièces, d'après Martin SHONGAUER.

COPIES, gravées d'après des planches niellées. (B. vol. 13, page 46 et suivantes).

La Nativité (B. 1).

Jésus baptisé dans le Jourdain (B. 2).

Jésus à la croix (B. 3).

Jésus-Christ au tombeau (B. 5).

L'Homme de douleur (B. 6).

La Vierge entre deux saints (B. 7).

Saint Jean l'évangéliste (B. 8).

Saint Georges (B. 9).

Hercule tuant l'Hydre (B. 12).

Un dieu marin et une néréide (B. 13).

Le Jugement de Pâris (B. 14).

Portrait d'homme (B. 15).

Autre tête d'homme (B. 16).

Portrait de dame (B. 17).

Têtes d'homme et de femme (B. 18).

Têtes d'homme et de femme (B. 19).

Buste d'homme (B. 20).

Jeune femme marchant les yeux bandés (B. 21).

La Roue allégorique (B. 22).

Un roi assis (B. 23).

Homme attaché à un tronc d'arbre (B. 25).

Un lion déchirant un homme (B. 26).

Femme attachée à un tronc d'arbre (B. 27).

Jeune femme debout (B. 28).

Ce lot peut se diviser.

561 — Majuscules ornées, copie de nielle allemand, non décrit.

562 — Copie d'un nielle italien du XVe siècle.

563 — Copie d'un nielle de PERREGRINI, *le Triomphe de Mars.*

564 — *Un triomphe,* petite pièce ovale tirée sur papier gris, ressemblant à un nielle.

565 — Deux petites pièces anciennes qui ressemblent à des nielles.

CAMAIEU ou clair obscur à deux et trois planches.

566 — *Le repos pendant la fuite en Égypte,* par CARPI dit ANTONIO, de Crémone. 1547.

567 — Une estampe très belle, par CORIOLAN.

568 — Quatre pièces de Baptiste JACKSON, d'après L. da Ponte BASSANO, P. VÉRONÈSE, etc.

569 — *Baptême de Jésus-Christ*, par Willem JANSEN.

570 — *Évanouissement de la Vierge*, par B. CORIOLAN, d'après G. RENI.

571 — Une pièce de Andrea ANDREANI.

572 — *Descente de croix*, par Ugo da CARPI.

573 — Grande pièce, par Ant. de TRENTE ou FANTUZZI. 1508, d'après le Guide.

574 — Quatre pièces par Coriolan, d'après le Guide.

575 — *Andrea Andreani*, une pièce d'après MATURIN. 1608.

576 — -- *Ève*, grande pièce sur bois. 1587.

577 — *Paolo Panimenti*, XVIe siècle, une pièce sur bois.

CARPIONI (Jules). 1611-1674.

578 — *Saint Gérôme, saint Antoine de Padoue*, deux pièces.

579 — *Sainte Madeleine*, 1er état, sans l'adresse de Cadorin.

580 — *Apothéose de la Vierge*.

BALDINI BACCIO. XVe siècle

581 — *L'Enfer*, d'après la fresque, peinte par Orcagna dans le Campo Santo, à Pise, pièce (très rare).

BEICH (JOACHIM-FRANÇOIS). 1665-1748

582 — Trois pièces, paysages.

CLERC (SÉBASTIEN LE). 1637-1714

583 — Trente et une pièces diverses.

584 — Cent quarante petites pièces, dont le frontispice dédié à Monseigneur le marquis de Courtanain secrétaire d'État, par son très humble, etc. Paris, chez Jaurat, au bas des fossés Saint-Victor.

585 — Quatre pièces, galerie de l'hôtel royal des Gobelains, titre des *Batailles d'Alexandre*, et deux *paysages*.

586 — *Entrée d'Alexandre dans Babylone*.

587 — *Académie des sciences*.

588 — Seize pièces, *Batailles de Louis XIV*.

CARDUCCI (ALEXANDRE).

589 — *Fête en Toscane*, une pièce.

DELAUNE (ÉTIENNE). 1519-1583

590 — *Le fleuve Nil*, d'après le Primatice (RD. 101.)

591 — *Apollon sur le Parnasse*, (1569, RD. 100), d'après Nicolo dell Abbato.

592 — *Vénus et l'Amour pleurant la mort d'Adonis*, 1569, (RD 102), d'après Luca Penni.

DUCERCEAU

593 — Deux pièces, vases.

DECKER

594 — *Salle des audiences du roy.*

DORIGNY

595 — Sept panneaux de Ciroferri.

DIETZSCH (Jean-Christophe). 1710-1769

596 — *Paysage.*

CALLOT (Jacques). 1592-1635

597 — Grande pièce sur deux feuilles, épreuves avant toute lettre.

598 — Grande pièce de la suite des *Batailles des Médicis.*

599 — Cent quatre-vingt-seize pièces, parmi lesquelles on remarque :

Des Malheurs de la guerre, quatre pièces.

Vues de villes.

Costumes français.

Les Bossus.

Le Passage de la Mer rouge.

Six pièces de la *Grande Passion.*

Des Gueux.

Le Martyre des Apôtres, seize pièces 2e état, avec le nom d'Israël.

La Tour de Nesle et le Louvre.

La Tour de Nesle et la Samaritaine.

Douze pièces de la suite de la *Petite Passion.*

Quatorze pièces de la *Vie de la Vierge.*

Une grande pièce. Ce lot sera divisé.

600 — *Les Sept péchés capitaux*, sept pièces avec les noms de Callot et d'Israël, et avant les numéros. (rares).

601 — *Les Quatre petits banquets*, avec le nom d'Israël.

602 — *L'Évantail*, pièce rare.

603 — *Entrée de Monseigneur de Couange et de Monseigneur de Chalabre.*

604 — *Portrait de Giovan Domenico*, dans un cartouche d'attributs de jardinage.

605 — *La ferme*, de la suite des *Quatre paysages*, et copie retournée de la même pièce.

DIAMENTINI. 1660-1772.

606 — *Danaë.*

DICK (Antoine Van)

607 — *Le Christ au roseau*, 4e état.

DURER (Albert). 1471-1528

608 — *Saint Jean et saint Gérôme*, pièce sur bois. (LB. 207).

609 — *Saint Étienne et saint Grégoire*, pièce sur bois. (LB 200).

610 — *Évêque debout*, sur bois.

611 — *Hérodiade et la tête de saint Jean*, bois.

612 — *Sainte Madeleine transportée au ciel*, bois.

613 — *Décollation de saint Jean-Baptiste*; bois.

614 — *Disciples d'Emmaüs*, de la suite de 37 pièces de la *Passion*, sur bois.

615 — *Jésus conduit devant le Grand-Prêtre*, de la même suite, sur bois.

616 — *Assomption de la Vierge*, texte au verso, sur bois.

617 — *Fiançailles de la Vierge*, de la suite de 20 pièces, sur bois.

618 — *Mort de la Vierge*, texte au verso, bois.

619 — *La Cène*, épreuve avec les cinq points sur le plat, sur bois.

620 — *Martyre de sainte Catherine*, pièce rognée.

621 — *Les Dix mille martyres*, pièce rognée

622 — *Un Homme à cheval allant au galop*, bois

623 — *Jésus en croix*, de la suite de douze, grande pièce sur bois.

624 — *Portement de Croix*, même suite, grande pièce sur bois.

625 — *Jésus saisi par les soldats*, même suite, grande pièce sur bois.

626 — *La Vierge allaitant l'enfant Jésus.*

627 — *Jésus à la Croix.* (B. 13).

628 — *La Vierge et l'Enfant*, copie en sens inverse.

629 — *La Vierge aux cheveux longs*, copie.

630 — *La Vierge et l'Enfant*, copie rare de G. Mantuan.

631 — Quatre pièces anciennes.

632 — *Jésus aux limbes* d'après Mantegna.

633 — *Jésus insulté*, de la même suite de 37 pièces, *Petite Passion*, sur bois.

Une autre pièce de la même suite, rognée.

634 — *Saint Simon.* 1523.

Saint Paul. 1514.

635 — *Saint Pierre et saint Paul guérissant le boiteux.* 1513.

636 — *Jésus au jardin des Oliviers*, planche d'étain.

637 — *Saint Christophe et Jésus* (B. 104), ancienne épreuve. sur bois.

638 — *Saint Antoine*. 1519 (B. 58).

639 — *Le Pourceau monstrueux* (B. 95), belle épreuve.

640 — *Le Seigneur et la dame* (B. 94).

641 — *L'Hôtesse et le cuisinier* (B. 84).

642 — *Le Barbare et sa femme* (B. 95).

643 — *Les Trois paysans* (B. 86).

644 — *La Mélancolie*. 1514 (B. 74), belle épreuve avec une petite marge.

Cette pièce a été un peu déchirée et recollée à droite.

645 — *L'Assemblée des gens de guerre* (B. 88).

646 — *Les Armoiries au coq* (B. 100).

647 — *L'Homme de douleur* (copie).

648 — *Le Canon*. 1518.

649 — *Ravissement d'une jeune femme*, pièce gravée sur planche de fer.

650 — *Jésus insulté*.

651 — *La Vierge* (B. 96), sur bois.

652 — *La Vierge assise tenant l'enfant Jésus* (B. 99), sur bois.

653 — *Saint Jean et saint Joseph* (B. 112).

654 — *Saint Christophe* (copie).

655 — *Vénus blessée et l'Amour* (copie).

656 — *Le Cavalier de la Mort.* 1564. Copie par Wierix.

DIETRICH ou DIETRICY (Christian-William-Ernest).

1712-1774

657 — *Vaches descendant la montagne.* 1768.

658 — *Paysage et ruines*, avant le numéro.

659 — — —

660 — — —

661 — — —

662 — — —

663 — — —

664 — *Paysage*, avec le n° 54 et les retouches de Adrien Zingg.

665 — *Paysage*, avec le n° 53 et les retouches de Adrien Zingg.

666 — *Paysage*, belle épreuve d'eau-forte pure. 1746. avant le numéro.

667 — *Paysage*, belle épreuve avant le numéro.

668 — — — 1760.

669 — *Les Bords de la rivière*, avant le numéro.

ESCHINI (Ange-Marie). Vers 1660

670 — *La sainte Vierge,* pièce très rare, la seule connue de ce maître.

EVERDINGEN (Allart ou Alder van). 1621-1675

671 — *Les Deux hommes sur le terrain élevé.* (B. n° 7) de la suite de 12.

672 — *Les Deux chariots.* (B. 85), 1er état, eau-forte pure, grande marge.

673 — *Place publique* (B. 96).

674 — Douze pièces diverses.

ESCHARD

675 — *Repos de paysans.*

676 — *Tête d'homme,* épreuve d'eau-forte pure.

FYT (Jean), né en 1625

677 — *Les Chiens,* suite de huit pièces (B. 9 à 16), 1er état, avant le nom du maître, effacé et remplacé par celui de Sneyders.

FARINETI (HORACE). 1522-1606

678 — *La sainte Vierge, saint Jean et un agneau*, pièce gravée d'après Paul FARINETI, son père.

679 — *Ganymède.*

FLAMEN (ALBERT). XVIe siècle

680 — *Vue de Corbeil*, de la suite de cinq pièces.

681 — *Vanneau, Cygnes*, deux pièces.

EISLER (JOHANNY-LEOHARDT)

682 — Cinq planches d'ornements.

FOCK (HERMAN)

683 — *Paysage.*

GELLÉE (CLAUDE dit le LORRAIN)

684 — *Le Port de mer au fanal* (RD. 11), 1er état avant le n° 7 (rare).

685 — *La Danse sous les arbres* (RD. 10), avec le n° 6.

686 — *Le Bouvier* (RD. 8), avec le n° 4.

687 — *Le Pont de bois* (RD. 14), avec le n° 10.

688 — *La Danse villageoise* (RD 24), 1er état, avant l'accident arrivé à la planche au milieu du fond.

689 — *Scène de brigands* (RD. 12), 3e état.

690 — *Le Campo vaccino.* (RD. 23), 5e état.

GIMIGNANI (Hyacinthe). 1611-1681

691 — *La Vierge et saint Joseph adorant l'Enfant Jésus.*

GRUN (Hans Baldung). Fin du xve siècle et milieu du xvie.

692 — *Groupe de chevaux.* 1534, deux pièces sur bois un peu rognées.

693 — Treize pièces sur bois.

694 — *Jésus-Christ portant les plaies de son crucifiement.*

695 — *Saint Thomas, saint André,* deux pièces sur bois de la suite de 12 pièces.

696 — *Sainte famille,* sur bois (rare).

GOYA (don Francisco). 1760-1830

697 — Cent cinquante pièces, caprices et autres anciennes épreuves et copies.

Ce lot sera divisé.

698 — *Prisonnier de l'Inquisition.*

699 — Dix pièces diverses.

HACKAERT (JEAN), né vers 1635.

700 — *Le Bourg* (B. 1).

701 — *Le Rocher baigné par la rivière* (B. 6).

JARDIN (KAREL DU). 1640-1678

702 — *Chiens.*

703 — *Le Bourg à la montagne* (B. 9).

704 — *Paysage*, épreuve avec le numéro 21.

705 — *Paysage* — — 17.

706 — *Paysage* — — 22.

707 — *Paysage avec fabrique, cheval couché* au premier plan.

708 — *Paysage* n° 19.

709 — *Bergère filant et vaches.*

710 — *Porcs*, quatre pièces, nos 8, 9, 15 et 16.

711 — *Brebis*, Deux pièces, nos 35 et 96.

712 — Quatre pièces portant les nos 47, 48, 49 et 50.

713 — *Le mouton et les mouches* (B. 48), 1er état avant le numéro.

714 — *La Brebis et l'Agneau* (B. 42), 1er état avant le numéro.

715 — *Ane*, épreuve avec le n° 29.

LEU (THOMAS de), la fin du XVIe siècle

716 — *Oraclium anachoreticum*, soixante-dix pièces.

LAER (PIERRE DE), (surnommé BAMBOCHE). 1613-1674

717 — *Chiens et chasseurs.*

718 — Six pièces, *animaux.*

LEYDE (LUCAS DE). 1494-1533

719 — *Saint Jean dans le désert.* 1513. (B. 107).

720 — *David en prière.* 1520. (B. 29).

721 — *Couronnement d'épines.* (B. 65).

722 — *Jésus.* (B. 83).

723 — *Saint Pierre.* (B. 84).

724 — *Saint André.* (B. 86).

725 — *Saint Judas Thaddée.* (B. 90).

726 — *Saint Jacques le Majeur.* (B. 88).

727 — *Saint Thomas.* (B. 89).

728 — *Saint Philippe.* (B. 92).

729 — *Saint Jacques le Mineur.* (B. 93).

730 — *Saint Jérôme.* (B. 109).

731 — Deux rinceaux d'ornements. 1517 (B. 167).

732 — *Jeune femme offrant un pot à un vieillard suivi d'un chien.*

733 — *Femme tenant un bouclier*, cette pièce n'est pas décrite.

734 — Quatre pièces, copies en sens inverse, portant ce monogramme Æ.

LOUTHERBOURG (Jacques-Philippe)

735 — *Vaches.*

MANTEGNA (André). 1436-1506

736 — *Jésus descendant aux limbes*, pièce rare d'un état médiocre.

MARTINO (Marc san). Vers 1680

737 — *Apollon et Marsyas* (B. 17).

738 — *Suzanne et les Vieillards*, pièce non décrite.

739 — *Agar* (B. 1).

740 — *Le Petit Moïse* (B. 4).

741 — *Les Satyres* (B. 16).

742 — *Le Berger et la bergère.* (B. 31).

743 — *La Pouilleuse* (B. 32).

744 — *David* (B. 7).

745 — *Massacre des Innocents* (B. 9).

746 — *Décollation de saint Jean* (B. 15).

MILET (JEAN-FRANÇOIS dit FRANCISQUE). 1644-1680

747 — *Les deux amants*, estampe dont on attribue la gravure à FRANCISQUE MILET lui-même.

MEER (JEAN VAN DER). XVIIe siècle

748 — *La Brebis debout* (B. 2), estampe rare, cet artiste n'a gravé que deux pièces, toutes deux rares.

MEYER (FÉLIX)

749 — *Paysage, chemin à droite.*

750 — *Petit pont sur un torrent*, ces deux pièces sont peu communes.

MITTELLI

751 — Dessin d'un plafond.

MOOR (CAR DE, LE PÈRE). 1656-1728

752 — *Portrait de Frans van Miéris*, belle estampe peu commune avant l'inscription dans la marge et le nom, la tache à l'œil droit non effacée.

MAZZUOLI (L. T. F. dit le PARMESAN). 1503-1540

753 — Deux pièces.

MELDELLA (ANDRÉ). 1522-1582

754 — Deux pièces.

NAIWJNCK (H.) XVIIe siècle

755 — *La petite chute d'eau.*

756 — *Paysage.*

MONTAGNA (BENOIT). Vers 1500

757 — *Le Satyre* (B. 17), pièce rare, un peu rognée.

OSTADE (ADRIEN VAN), vers 1610 et mort en 1685

758 — *La Famille* (B. 46), 1er état 1647.

759 — *La danse au cabaret* (B. 49), 1er état.

760 — *Le Veilleur.* Ostade 1647.

761 — *Le Marchand de lunettes* (B. 49).

762 — *Les Deux commères* (B. 40).

763 — *Le Père de famille* (B. 33), eau-forte pure.

764 — *Le Joueur de violon bossu* (B. 44).

765 — *La Fileuse*, Ostade 1652 (B. 31).

766 — *Le Violon et le petit veilleur* (B. 45).

767 — *Le Charcutier* (B. 41).

768 — *Gueux debout les mains derrière le dos* (B. 21).

769 — *Gueux au dos courbé* (B. 20).

770 — *Trois figures grotesques* (B. 28).

771 — *Paysan qui rit* (B. 2).

772 — *La Grange*. 1647 (B. 23).

773 — Une autre pièce même sujet, superbe épreuve sur papier à la folie, le dos de la femme s'enlève en blanc, avant les tailles à la pointe sèche.

774 — *Paysan avec un bonnet pointu* (B. 3).

775 — *Les Pêcheurs* (B. 26).

776 — *Gueux enveloppé d'un manteau* (B. 22).

777 — *L'Homme et la femme causant ensemble* (B. 12).

778 — *Homme et femme marchant ensemble* (B. 24).

779 — *Le Fumeur* (B. 5).

780 — *Les Fumeurs* (B. 13).

781 — *Le Charlatan* (B. 43).

782 — *Le Paysan payant son écot* (B. 42).

POTTER (Paul). 1625-1654.

783 — *Le Vacher* (B. 14), très belle épreuve du 2e état.

784 — Trois pièces, copies avec les monogrammes AB NF I L.

PENCZ (Georges). Vers 1500-1550

785 — *Joseph et Putiphar* (B. 12).

786 — *Jésus-Christ entouré de petits enfants* (B. 56).

787 — *Histoire de Tobie* (B. 19).

788 — *Jésus en jardinier*, d'après A. Durer.

789 — *Thomire, Judith*, 2 pièces.

790 — *Enlèvement d'Éponine.*

MECKEN (Israel van). xve siècle

791 — Une pièce de l'histoire de Jésus-Christ, estampe rare, mais mal conservée.

PÔTRE (Le). xviie siècle

792 — *Portail d'église à l'italienne, Tombeau alcôve à la romaine.* Trente-huit pièces.

793 — *A mon meilleur ami Charles Patin*, médecin du Roy, une pièce.

794 — *Elegabale, mort d'Alexandre, Médée,* etc., sept grandes pièces.

795 — Dessus de porte, panneau, et divers paysages, figures et compositions, trente-deux pièces.

796 — Huit frises, sur deux feuilles.

797 — *Un Homme portant un fagot de bois.*

798 — *Cheminées, alcôves,* etc., huit pièces.

799 — *Feuillages et ornements,* onze pièces.

800 — *Chapelles, cheminées,* huit pièces.

801 — *Autels, frises,* onze pièces

POILLY. XVIIe siècle

802 — Deux planches plafond, d'après MIGNARD.

PANINI. XVIIe siècle

803 — *La vue perspective de Saint-Paul.*

PIRANESI. XVIIe siècle

804 — *Les Prisons,* douze grandes feuilles.

PROCACCINO (CAMILLE). 1546-1626

805 — *Sainte Famille.*

806 — Une petite pièce.

807 — *La Vierge et l'Enfant.*

RIBERA (JOSEPH dit l'ESPAGNOLET), 1593 ou 1588-1656

808 — *Saint Barthélemy.*

809 — *Christ mort.*

810 — Deux autres pièces, *Martyrs.*

PONTIUS (PAUL). Vers 1596

811 — *Don Charles de Columa*, belle pièce d'après VAN DICK, avec le nom de G. HEINDRIK.

812 — *Don Alvar Baza*, d'après VAN DICK.

813 — *Saint François adorant Jésus.*

814 — *Henry Frédéric*, d'après Van DICK.

815 — *Paul Rubens et A. Van Dick*, d'après RUBENS.

816 — *Henricus Cômes de Berghe*, d'après VAN DICK.

817 — *Philippe IV*, d'après RUBENS.

BOGHMAN (ROLAND), né en 1597 a vécu plus de 88 ans.

818 — *Hedighuizen* (B. 5).

819 — *Velzan* (B. 2).

810 — Une autre pièce.

RUYSDAEL (Jacques). 1635-1681

821 — *Les Voyageurs* (B. 4), pièce rare.

822 — *Le Petit-Pont* (B. 1), avec les nuages à droite, à la pointe sèche.

823 — *Le Ruisseau traversant le village* (B. 7) (rare).

824 — *Paysage, effet d'orage*, signé et daté 1646, pièce non décrite, tirée sur papier à la fortune.

825 — *La Chaumière au sommet de la colline* (B. 3).

RAIMONDI (Marc-Antoine), vers 1488-1530

et ses élèves

AUGUSTIN VÉNITIEN, MARC DE RAVENNE, DADDI LE MAITRE AU DÉ, JULES BONASONE, JACQUES CARRAGLIO, ÉNÉAS VICO, GEORGES, ANDRÉ ET DIANE GHISI

826 — *La Vierge et des enfants*, par Augustin Vénitien.

827 — *Le Pèlerin*, d'après Lucas, de Leyde (B. 462).

828 — *Apollon*, pièce qui est peut-être de Nicoletto, de Modène.

829 — *Fleuve* (B. 19), par G. Ghisi.

830 — *Saint terrassant un dragon*, par Bonasone.

831 — *Les Chars d'Apollon et de Vénus*, par le maître au dé.

Cette belle pièce est peut-être de MARC-ANTOINE.

832 — *La Prudence.* 1516, par Aug. VÉNITIEN.

833 — *Sainte Famille*, par J. BONASONE, d'après André DEL SARTE.

834 — Huit vases, par Énéas VICO.

835 — Quatre autres pièces de Énéas VICO.

836 — Trois pièces de G. GHISI.

837 — *Hercule*, par J. BONASONE, signé du monogramme.

838 — Dix pièces de *la Passion*, copie par MARC-ANTOINE, d'après A. DURER. Les numéros 2, 3, 5, 6, 8, 10, 11, 15, 16 et 17, de la suite de 37 pièces.

839 — *L'Amour tenant la faulx du temps*, par J. CARAGLIO.

840 — *Les Grimpeurs*, d'après MICHEL-ANGE.

841 — Une pièce, d'après un dessin de Baccio BANDINELLI.

842 — *Le Bain des Anabaptistes*, pièce de G. GHISI, gravée par MARC-ANTOINE.

843 — Douze pièces de la suite de la *Fable de Psychée*, gravées par le maître au dé.

Les vers qui sont au bas de chaque pièce ont été coupés à quelques-unes.

844 — *Combat de gladiateurs*, pièce portant le monogramme de Sylvestre de RAVENNE.

845 — *Portrait de l'Empereur Charles V*, par Énéas VICO.

846 — *Vases.*

847 — *Jésus battu de verges*, BONASONE d'après LE TITIEN.

848 — *Une coupe*, par MARC-ANTOINE.

SCHAUFELEIN (HANS), mort vers 1550

849 — *Jésus en jardinier* (B. 24), de la suite de 35 pièces de *la Passion*. Bois.

850 — *Jésus apparaît aux soldats*, de la suite de 35 pièces de *la Passion*. Bois.

851 — *Ensevelissement.*

SALAMANCA (ANT.), XVIIe siècle

852 — *L'Addolorata Madre di Dio.* Bologne, 1626, Trente-trois pièces plus le titre.

853 — *Servus eo Laotior*, etc., pièce portant le monogramme ꟿ.

Haut. 227 millim.; larg. 140 millim. Bel état.

SIRANI (JEAN-ANDRÉ). 1610-1670

854 — *Apollon et Marsyas* (B. 2).

855 — Quatre pièces diverses.

SCARSELLO (JÉRÔME), vers 1670

856 — *Saturne.*

SOLIS (Virgile). 1514-1562

857 — *Écusson armoirié.*

858 — *Homme et femme.*

859 — *Chasses*, cinq pièces en long.

860 — *Anachorète en prière.* 1542, pièce sur bois.

SCHIAVONE (André). 1522-1582.

861 — *Panneau d'ornement* (B. 13), de la suite de 13 à 33.

SART (Corneille du). 1665-1704

862 — *Le Couple ivre* (B. 7).

ROSSI (de), XVIIe siècle

863 — *Coupole du Saint-Sacrement au Vatican.*

864 — *Coupole de Saint-Sébastien, au Vatican.*

865 — Cinq autres pièces.

866 — *Vue du dôme de Milan.*

867 — Trente-cinq planches, *décorations au Vatican*, par Raphael.

868 — *Coupole de l'église Sainte-Agnès, à Rome.*

STOOP (Drack), xviiᵉ siècle

869 — *Cheval attaché et cheval couché*, pièce avant le numéro.

870 — *Cheval*, avec le numéro 2 et une épreuve pareille.

871 — *Cheval qui pisse*, numéro 5.

872 — Deux pièces *chevaux*, numéros 6 et 3.

873 — — — — 4 et 10.

SUAVIUS (Lambert), xviᵉ siècle

874 — *Annius Vérus.*

875 — *Antoninus.*

876 — *Tête de femme*, vue de face.

877 — *Tête d'homme*, tourné à droite.

878 — *Tête de femme*, tournée à gauche.

SCHONGAUER (Martin). 1445 ou 1470, 1499 ou 1486

879 — *La Nativité* (B. 5), épreuve très complète, elle mesure 5 pouces 11 lignes. *Barstch* indique 5 pouces 10 lignes, elle a une petite marge après le trait carré qui se voit partout. Cette belle pièce est malheureusement doublée au milieu, à gauche, à cause d'une petite déchirure.

880 — *La Tentation de saint Antoine*, copie avec les monogrammes

VENENTI (Jules-César), XVIIe siècle

881 — *La Vierge à la rose*, d'après LE PARMESAN.
Une des deux seules pièces de ce maître.

VLIEGER (Simon de), XVIIe siècle

882 — *Intérieur de forêt.*

883 — *Le bois près du canal*, pièce rare.

SWANEVELT ou SUANEVELT (Herman, d'Italie), né en 1620

884 — Diverses vues en dedans et en dehors de Rome, suite de douze pièces avec le titre.

885 — *Fuite en Égypte*, onze pièces, les numéros 81, 88, 89, 90, 91, 92, 94, 97, 98, 99 et 100.

886 — *Vue prise à Rome.*

887 — Trois grands *paysages* en hauteur.

888 — *Élie nourri par les corbeaux.*

889 — *Sainte Madeleine.*

890 — *Saint Jérôme.*

891 — *Saint Antoine.*

892 — Six pièces de la suite ou *Diane* et *Adonis*.

893 — *Vénus et Adonis*, avant que les mots (*et excudit*) n'aient été effacés.

894 — *Environs de Rome*, avant que les mots (*et excudit*) n'aient été effacés.

895 — Quatre *paysages*, 1er état, numéros 1, 2, 3 et 4, comte Rigal.

896 — *Paysage*.

897 — Trois *paysages*, avant l'adresse de M. Bonnart.

898 — *Paysage*, avec l'adresse de Rossi.

899 — *Les animaux malades*.

900 — *Chèvres et Boucs*.

VORSTERMAN (L.), xviie siècle

901 — *Portrait de P. de Jode*, d'après Van Dick.

902 — *Ensevelissement*, belle épreuve sans marge.

VAIANUS (Sébastien), vers 1628

903 — *Le Christ insulté*, belle estampe non décrite par Bartsch.

D'VL. (Sébastien), vers 1558.

904 — *Promethée*, une des deux seules pièces connues de ce maître.

UDEN (Lucas van). 1595

905 — *Paysage* (B. 26), 1er état avant l'adresse, de la suite de 21 à 26.

TROST et KOCH, XVIIe siècle

906 — *Theatrum mortis humanæ*, etc. 1682, 99 petites pièces.

VIERRIX

907 — Sujets de la Bible, d'après P. Borg, 49 pièces.

VELDE (à van de). Fin du XVIe siècle.

908 — *Deux chèvres* (B. 10).

909 — *Cheval au vent* (B. 7).

910 — *Le Veau*.

911 — *Les Vaches* (B. 3), épreuves de 1er état.

912 — *Vaches tournant à droite* (B. 11), pièce tirée sur papier de Hollande.

913 — *Vache tournée à gauche* (B. 12), pièce tirée sur papier de Hollande.

WEIROTTER (François-Edmund). 1730-1771

914 — *Chaumière au bord de l'eau*.

915 — *Chaumière près du bois*.

WATERLOO ou WATERLO (ANTOINE). XVIIe siècle

916 — *Petit pont à gauche et groupe d'arbres au milieu*, n° 2.

917 — *Le Petit pont traversant le ruisseau*, n° 124, de la suite de 119 à 124.

918 — *Le Petit bossu suivi d'un enfant*, n° 121, de la suite de 119 à 124.

989 — *L'Homme sur le pont de pierre*, n° 32 de la suite de 12.

920 — *Les deux cavaliers*, n° 63, de la suite de 6.

928 — *Paysage.*

922 — *Paysage*, deux pièces.

923 — *La Maison garnie de verdure au bord de la rivière*, n° 44 de la suite de 53 à 58.

924 — *Le Berger sur le petit pont*, n° 5 de la suite de 77 à 82.

925 — *Les Trois jeunes garçons et leur chien*, belle gravure de la suite de 59 à 64.

926 — *Le Chasseur aux lièvres*, n° 3, de la suite de 6.

927 — *Le Repos des chasseurs*, n° 11, de la suite de 12.

928 — *Les Deux voyageurs dans le bois*, de la suite de 33 à 38.

929 — *La Chasse au Canard*, de la suite de 6.

930 — *Les Baigneurs*, n° 6.

931 — *Le Village au bord du canal*, n° 3, de la suite de 6 pièces.

932 — *Le Village dans la vallée*, n° 6.

933 — *La Chapelle avec l'escalier*, n° 5, de la suite de 6.

934 — *L'Entrée du bois*, n° 12.

935 — *La Chapelle derrière les arbres.*

936 — *Chemin sous les arbres.*

ZEEMAN. XVIIe siècle

937 — *Marine*, de la suite de 12.

CABEL (ADRIEN VAN DER). 1631-1695.

938 — Trois pièces *paysages.*

939 — *Le Bouquet d'arbres* (B. 15).

940 — *Les Femmes au bain* (B. 16).

941 — *Petite marine, le Joueur de flûte*, 2 pièces.

942 — *Paysage avec la rivière, le Berger précédant son troupeau*, deux pièces avant la lettre dans la marge.

943 — *La ville au pied de la montagne* 1er état.

REMBRANT (VAN RHIN). 1606-1669

Pour le classement et la description des estampes de ce maître nous avons suivi l'ordre adopté dans l'ouvrage de Charles Blanc. (L'œuvre complèt de Rembrandt, décrit et commenté, par Charles Blanc. Paris, 1859-1861, 2 vol.).

944 — *Adam et Eve* (CB. 1).

2e état, les contours supérieurs du tertre sur lequel Adam est à moitié assis sont accentués durement, et avec le reflet de lumière sur la cuisse droite d'Eve à l'endroit où les deux jambes se touchent, très belle épreuve, chargée de barbes, tirée sur papier à la fleur de lys couronnée, elle porte le cachet d'une collection.

945 — *Adam et Eve.*

Une autre épreuve du 3e état.

946 — *Abraham recevant les Anges* (CB. 2).

Superbe épreuve avec les barbes et les bords raboteux.

947 — *Abraham caressant Isaac* (CB. 4).

1er état avant le trait échappé sur l'épaule gauche d'Isaac et la retouche dans l'œil et la bouche d'Abraham. avec barbes, le bord de l'épreuve est doublé à droite.

948 — *Abraham parlant à Isaac* (CB. 5).

Première épreuve très belle avec les bords de la planche raboteuse et les barbes.

949 — *Le Sacrifice d'Abraham* (CB. 6).

Belle épreuve avec les barbes.

950 — *Tobie aveugle* (CB. 15).

Épreuve avec marge de 5 milimètres.

951 — *L'Ange disparaît devant la famille de Tobie* (CB. 16).

1er état, avec la draperie qui forme la coiffure de la femme du jeune Tobie, couverte d'une taille légère donnée diagonalement à la pointe sèche, sur la partie claire on remarque, sur l'épaule du jeune Tobie, l'indication de plusieurs crevés et trois boutons sur la manche droite avec quelques fines hachures sur le coude, avant les hachures sur le terrain au bas à gauche, et les contre-tailles verticales sur le ciel, très belle épreuve avec toutes les barbes, excellente conservation.

952 — *L'Ange disparaît devant la famille de Tobie.*

Une épreuve du 2e état, avec les contre-tailles verticales sur le ciel et nombre d'autres travaux.

953 — *La Nativité* (C B. 18).

1er état, avec le défaut de morsure de l'eau-forte qui a laissé un clair dans le haut, à droite au-dessus des bœufs, belle épreuve doublée.

954 — *La Fuite en Égypte* (C B. 28).

Belle épreuve avec barbes et très bon état de conservation.

955 — *Repos en Egypte*, au trait (C B. 31).

La Vierge assise, tenant l'enfant Jésus qu'elle découvre ; à côté d'elle Saint-Joseph assis, belle épreuve un peu rognée, mais avec les bords de la planche visibles.

956 — *Jésus-Christ au milieu des docteurs* (C B. 36).

Épreuve avec des barbes au bonnet du docteur près du Christ et dans les figures à la tribune, mais avec les corrosions causées par le vert-de-gris dans le haut de la planche et sur la droite, rare en cet état.

957 — *Le Christ prêchant* (La petite tombe) (C B. 39).

2e état, les angles du bas de cette épreuve sont doublés.

958 — *Le Bòn Samaritain.*

Copie de la pièce de Rembrandt, en sens inverse.

959 — *Le Denier de César* (C B. 42).

2e état, belle épreuve avant la retouche, principalement à la petite voûte dans le coin gauche, mais avec les travaux ajoutés sur la tête du docteur, à droite et sur ses habits.

960 — *Le Retour de l'enfant prodigue* (C B. 43).

Bonne épreuve.

961 — *La même pièce.*

Épreuve un peu rognée.

962 — *Vendeurs chassés du temple* (C B. 44).

2e état sans les barbes, la bouche petite, les taches d'oxyde effacées et la semelle du soulier claire.

La même pièce.

Une copie.

963 — *La Petite résurrection de Lazare* (C B. 47).

Bonne épreuve, malheureusement rognée et doublée aux angles.

Jésus guérissant les malades, autrement la pièce de 100 florins.

Copie réduite de cette pièce.

964 — *Jésus au jardin des Oliviers* (C B. 50).

Superbe épreuve avec toutes les barbes, produisant un effet de manière noire, le nom de Rembrandt à droite, presque illisible (sans marge).

965 — *Les trois Croix.*

Copie de cette pièce en forme ovale.

966 — *Descente de Croix* (C B. 57).

Belle épreuve de cette pièce rare, mais malheureusement un peu coupée sur la hauteur.

967 — *Descente de Croix aux flambeaux* (C B. 58).

Belle épreuve, restaurée à droite.

968 — *La même pièce.*

Très belle épreuve, chargée de barbes. Cette épreuve ne porte ni la date ni la signature de Rembrandt sur le bord du linceuil.

969 — *Les Pèlerins d'Emmaüs* (C B. 63).

2e état, belle épreuve avec les barbes.

La même pièce.

Copie en sens inverse.

970 — *Saint-Pierre guérissant le paralytique* (C B. 66).

1er état extrêmement rare, le manteau d'une étoffe roide, les jambes de Saint-Pierre lourdement dessinées, etc. Cette pièce manque de conservation.

La même pièce.

Copie.

971 — *Le Baptême de l'Eunuque* (C B. 69).

2e état, les parties blanches de la petite chute d'eau sont couvertes de hachures fines, le fond de la planche est nettoyé et les barbes ont disparu, belle épreuve.

972 — *Saint-Jérôme.*

Dit Saint-Jérôme, dans le goût d'Albert DURER.

2e état, les fonds sales, les piliers du pont repris à la pointe sèche, superbe épreuve chargée de barbes et de manière noire, tirée sur papier à la couronne, d'une couleur brunâtre, les bords raboteux et non essuyés, marge de 4 millimètres, rare de cette beauté et conservation.

973 — *Saint-Jérôme en méditation.* (C B. 76).

1er état, avec le prolongement des tailles sur le mur et le personnage, le lion ne se voit pas caché par les barbes, belle épreuve.

974 — *La même pièce.*

2e état, le lion s'aperçoit.

La Fortune contraire.

Copie en sens inverse.

975 — *Les Musiciens ambulants* (C B. 90).

1er état, avant les contre-tailles sur la poitrine de l'enfant.

976 — *Le Vendeur de mort-aux-rats* (C B. 95).

2e état, avec les tailles diagonales sur les arbres, près de la maison, très belle épreuve avec marge.

977 — *Vieillard vu par le dos* (C B. 109).

Cette pièce faisait partie de la planche n° 308.

1er état, le dos et le côté de la figure dans les parties claires sont couverts d'une seule taille, épreuve doublée.

La même pièce.

Copie en sens inverse et six petites pièces.

978 — *Philosophe méditant* (C B. 112).

3e état, les plis du rideau très apparents (avec la lumière oblongue comme dans le 1er état), la lumière jette encore du clair sur le mur et sur la main du philosophe, les objets sont définis.

979 — *Griffonnements gravés en différents sens de la planche* (C B. 122).

Pièce rare, superbe épreuve avec marge de 10 millimètres.

980 — *Grand gueux debout* (C B. 125).

Pièce rare.

981 — *Gueux se chauffant les mains* (C B. 135).

Épreuve rognée au trait.

982 — *Paysan déguenillé, les mains derrière le dos* (C B. 137).

2e état, épreuve belle, mais rognée et doublée.

983 — *Mendiants à la porte d'une maison* (C B. 146).

3e état, avec le nez du vieillard redevenu rond en divers travaux, très belle épreuve.

984 — *Figures académiques d'homme* (C B. 159).

2e état, épreuve avec marge.

985 — *La Négresse couchée* (C B. 169).

3e état, belle épreuve.

986 — *Portrait de Corneille Anslo* (C B. 170).

1er état, de la plus grande rareté, avec la marge blanche dans le bas de la planche, avant le prolongement des travaux, très belle épreuve sur papier du Japon.

987 — *Grand Portrait de Lievens Coppenol.*

Dit le grand Coppenol.

Copie dans le sens de l'original.

988 — *Abraham Frans* (C B. 176).

Marchand d'estampes.

Épreuve du 5e état.

989 — *Clément de Jonghe* (C B. 180).

1er état, extrêmement rare, le bord du chapeau au-dessus du front est ondulé, le fond est sale, avec la barre blanche entre la traverse et le dossier du fauteuil, formée par l'interruption des tailles, avec le travail au-dessus de l'œil droit du personnage inachevé et et avant le cintre du haut, épreuve avec toutes les barbes, marge et parfaite conservation.

990 — *Manasseh-ben-Israël* (C B. 183).

2e état, bonne épreuve.

991 — *Jean Corneille Sylvius* (C B. 186).

1er état, très rare, eau-forte pure avant nombre de travaux, pour donner plus d'effets, estampe claire et harmonieuse.

992 — *Le docteur Petrus van Tol* (C B. 188).

Improprement dite l'avocat Tolling

2e état, épreuve avec toutes les barbes (on présume que cette pièce a été tirée à très petit nombre et que la planche a été brisée ou perdue, ce qui expliquerait pourquoi les épreuves sont si rares). Celle-ci est très belle de conservation.

993 — *Même portrait.*

Copie en contre-partie, très rare, épreuve superbe.

994 — *La Mère de Rembrandt assise, aux gants noirs* (C B. 197).

Autre vieille femme assise.

Bonne épreuve.

995 — *La Mère de Rembrandt, au bonnet de dentelle* (C B. 198).

Vieille femme coiffée à l'orientale.

2e état, l'ombre effacée depuis le haut de la tête jusqu'au niveau des épaules, et les travaux commencés au-dessus de la manche droite y produisent une crudité.

996 — *Le même sujet.*

3e état, tous les travaux ont été repris et remordus et produisent un effet plus vigoureux, mais la tête est plus faible.

997 — *La femme de Rembrandt* (C B. 200).

La petite mariée juive

Superbe épreuve avec le nom très lisible et le noir très vivace, bel état de conservation et petite marge. (Cette pièce est un des chefs-d'œuvre de Rembrandt).

998 — *Rembrandt et sa femme* (C B. 203).

Épreuve avec beaucoup de barbes et le fond un peu sale.

999 — *Rembrandt aux trois moustaches* (C B 206).

3e état, l'œil gauche élargi, quelques travaux additionnels dans le bonnet et dans les cheveux, et un trait échappé à la hauteur de la moitié du nez.

1000 — *Rembrandt au bonnet plat* (C B. 216).

Portrait de Rembrandt aux cheveux courts et frisés.

1er état, le nom de Rembrandt est si faiblement gravé qu'il n'est pas lisible sur cette épreuve, la marge coupée au bas existe sur trois côtés.

1001 — *Rembrandt avec une écharpe autour du cou.* (C B. 229).

3e état, avec le nom et la date au bas de la marge, ancienne épreuve qui manque de conservation.

1002 — *Rembrandt dessinant* (C B. 235).

9e état, avec le paysage et le nom bien marqué sur la banderolle ainsi que l'ombre qui divise le livre, les chairs du visage moins éteintes et les plis du drap de la table très distincts ; épreuve d'un noir velouté plein de transparence, conservation parfaite et marge.

1003 — *Griffonnements avec la tête de Rembrandt* (C B. 237).

2e état, la planche réduite aux dimensions de 99 millim. sur 103, avec la planche sale et tachée, par accident d'eau-forte, la tête de Rembrandt très vigoureuse.

1004 — *Griffonnements légers avec la tête nue de Rembrandt* (C B. 238).

Rare, bonne épreuve que l'on voit très peu dans les ventes.

1005 — *Étude de trois têtes de femme* (C B. 250).

1er état, rarissime. On n'y voit qu'une seule tête, celle qui est au haut de la planche, le fond est rempli de traits et d'égratignures (on lit dans l'œuvre complet de Rembrandt, par Charles Blanc, 2e volume, p. 214, le cabinet des estampes de Paris, le Musée d'Amsterdam possèdent une épreuve de ce 1er état, il s'en voit encore une troisième au British-Museum, mais celle-là est rognée), la nôtre est avec une petite marge et très belle de conservation; elle porte le timbre de la collection Artley.

1006 — *Autre pièce du même sujet.*

2e état, c'est celui où sont gravées les trois têtes ; très belle épreuve, parfaite de conservation et grandes marges.

1007 — *Écrivain dans le costume du* XVIe *siècle* (G B. 257).

Homme avec chaîne et croix.

4e état, avec les travaux prolongés jusqu'au bord supérieur de la planche ; belle épreuve avec marge.

1008 — *Homme à bouche de travers* (C B. 259).

2e état, le fond nettoyé et sans manière noire.

1009 — *Buste d'homme à bonnet fourré et manteau brodé* (C B. 267).

Homme à barbe courte et bonnet fourré.

3e état, avant la planche réduite, celle-ci mesure 130 millim., la partie blanche du manteau a été teintée à l'impression (peut-être par le maître), rare de cette qualité; malheureusement cette épreuve a été réparée dans le fond à gauche, sur la partie blanche.

1010 — *Juif au bonnet agrafé de pierreries* (C B. 269).

Vieillard à barbe carrée.

Bonne épreuve dont le papier, à gauche, est un peu fatigué.

1011 — *Vieillard au grand manteau de velours noir* (C B. 270).

2e état, épreuve très bonne de conservation avec marge.

1012 — *Vieillard à grande barbe et au front ridé* (C B. 281).

1er état, la planche porte 118 millim. au lieu de 103, avec la date 1631 à côté du monogramme; superbe épreuve, parfaite conservation.

1013 — *Vieillard à grand bonnet, qui dort* (C B. 286).

Belle épreuve à grandes marges et bien conservée.

1014 — *Le Pont de Six* (C B. 311).

3e état, les deux chapeaux ombrés à la pointe sèche; belle épreuve.

1015 — *Vue d'Omval, près d'Amsterdam* (C B. 312).

Pièce rare, toujours faible d'épreuve, l'eau-forte ayant très peu mordu. Celle-ci est de premier tirage avec le nom de Rembrandt à peine visible couvert par le noir des barbes. Belle marge.

1016 — *Vue d'Amsterdam* (C B. 313).

Rare, belle épreuve avec barbes et marges de 8 millim.

1017 — *Le Chasseur* (C B. 314).

2e état, la maison et le grenier à foin au fond, à gauche, effacés, pièce rare avec barbes, grande marge et très belle conservation.

1018 — *Le Paysage aux trois arbres* (C B. 315).

Très rare, sur papier de Chine (le papier légèrement ridé comme toutes les belles épreuves tirées par Rembrandt, qui en soulevant sa planche au tirage la laissait sécher sans la mettre sous presse de crainte d'en aplatir le noir et pour conserver tout le brillant et l'éclat; note de feu M. Allemand) ; épreuve aussi belle que possible à toutes barbes, avec les travaux du ciel à la pointe sèche, très fins et nourris.

1019 — *L'Homme au lait* (C B. 316).

2e état, avec la manière noire aux endroits où le travail a été repris, les collines ajoutées au-dessus des chaumières, grande marge de 10 millim. aux côtés verticaux et de 6 millim. haut et bas; superbe épreuve pleine de barbes, très brillante et en parfait état de conservation, rare.

1020 — *Le Paysage à la tour carrée* (C B. 319).

3e état, la planche non nettoyée, avec toutes barbes, avec les traits de pointe sèche sur la partie haute de la tour, le petit arbre à droite de la tour effacé par le prolongement de celle-ci, avec un trait échappé, qui coupe le nom de Rembrandt ; très belle épreuve chargée de manière noire, marge de 11 millim., dans cette condition aussi belle que les épreuves du 1er état.

1021 — *Autre pièce semblable.*

Épreuve plus faible avec la planche nettoyée et sans le trait échappé sur le nom de Rembrandt.

1022 — *Le Paysage au dessinateur* (C B. 320).

Eau-forte pure, avec quelques traces de barbes ; belle épreuve.

1023 — *Paysage à la Tour* (C B. 324).

3e état, le dôme de la tour effacé, mais cette épreuve est remplie de barbes et les bords de la planche sont raboteux, la marge du bas a 13 millim., les autres 3 millim. seulement ; pièce rare.

1024 — *La Grange à foin et le troupeau* (C B. 325).

La Grange à foin.

3e état, avec le lointain à gauche ajouté, et la ville ombrée, superbe épreuve à toutes barbes, conservation parfaite, 10 millimètres de marge, rare. (Un petit trou de la grosseur d'une piqûre d'épingle se trouve vers le milieu du ciel à gauche).

1025 — *La Chaumière au grand arbre* (C B. 326)

Première et superbe épreuve avec quelques barbes, marge de 4 millimètres, tirée sur papier au monogramme du Christ, surmonté d'une couronne.

1026 — *La Chaumière et la grange à foin* (C B. 327).

Première épreuve avec les barbes qui produisent l'effet de la manière noire à plusieurs endroits, marge de 7 millimètres, fort belle épreuve de cette pièce, très rare.

1027 — *L'Obelisque* (C B. 328).

Le toit de la maison à droite à quelques tailles obliques, toutes barbes, marge de 10 millimètres. (Cette pièce doit être d'un état intermédiaire entre le 1er et le 2e état de Ch. Blanc, dans le 1er le tout doit être blanc, et pour le 2e il est indiqué couvert de tailles obliques, sur notre épreuve il n'y a que quelques tailles obliques).

1028 — *La Chaumière au canal* (C B. 329).

La Barque à voile.

Ce morceau gravé légèrement et dont l'eau-forte a peu mordu est toujours faible et indistinct, belle épreuve remontée, provenant du cabinet Molitor.

1029 — *La Chaumière entourée de planches* (C B. 332).

3e état, épreuve un peu rognée.

1030 — *Le Moulin* (C B. 333).

Pièce improprement dite le Moulin Rembrandt.

Première épreuve avec les barbes, le ciel légèrement teinté, faisant l'effet d'un nuage ce qui provient du soulèvement et des craquelures du vernis lors de la morsure de l'eau-forte, épreuve très brillante avec 6 millimètres de marge.

1031 — *La même pièce.*

Autre épreuve avec les craquelures moins visibles, le papier est réparé dans le haut à droite, cette pièce porte au verso un cachet de collection.

1032 — *Le canal aux cygnes* (C. B. 335).

Première épreuve du 2e état, la montagne du fond est très apparente. Grande marge de 12 millimètres.

1033 — *Le Paysage au bateau* (C B. 336).

2e état, la ligne de l'horizon présente le contour en demi cercle, le toit de l'église teinté et les feuillages devant la tour ont reçu de fines tailles à la pointe sèche; superbe épreuve de 11 millimètres, parfaite conservation. Cette pièce est le pendant du Canal aux cygnes.

1034 — *Le Paysage à la vache qui s'abreuve* (C B. 337).

3e état, épreuve de belle conservation avec grande marge.

1035 — *Griffonnements avec un arbre* (C B. 349).

Très rare et très belle épreuve.

1036 — *L'Homme qui peint.*

Copie en sens inverse de la pièce supprimée dans le catalogue de Ch. Blanc.

ENVIRON SEPT MILLE ESTAMPES ANCIENNES

De toutes les écoles, principalement de l'École italienne, presque toutes doublées et sans marges, seront vendues par lots ainsi qu'il est indiqué ci-après.

1037 — 23 pièces du *Nouveau Testament*, par F. SADELER.

1038 — *Saint Sébastien*, par E. *Sadeler*.

1039 — *Guérison du paralytique*, par *S. Thomassin*, d'après *J. Jouvenet*. 1717.

Sainte famille, par *C. Stella*, deux pièces.

1040 — Sept pièces de *S. Bourdon*.

1041 — Six pièces, par *Dupuis*, *Sadeler*, *R. Morghen*, *Jeaurat*, etc.

1042 — Cinq pièces de *Bolswert*, de *Poilly*, etc.

1043 — Huit pièces, par *van Loo*, *P. Le Bas*, et divers.

1044 — *Disciple d'Émaüs*, par *van Sompelen*.

Mars et Vénus, *Duclos*.

Jugement de Pâris, *Tardieu* et *Moitte*.

Sainte Cécile, de *Chauveau*, et quatre pièces, en tout huit pièces.

1045 — *Vénus*, par *Desplacés.*

Trois pièces par *Landever.*

Jugement dernier, par *Léonard Gaultier*, 2e état.

Et trois autres pièces, en tout huit pièces.

1046 — Portraits de : *Duchesse Marlboroug, The queen Donvager, la reine Élisabeth, la reine Anne, Maria regina, duc de Marlboroug, Guillaume III, prince Jacques, Georges, prince de Danemarck, Jacques II, Robert d'Oxford, Charles II*, etc., gravés par *R. Willams*, d'après *G. Knellers*, treize pièces, manière noire.

1047 — Lot de quinze portraits divers.

1048 — *Louis XIV*, gravé par *Larmessin.*

F. Bourel, gravé par *Grignon.*

Le masle, par *Lenfant*, 2e état, et onze pièces, en tout quatorze portraits.

1049 — *De Maupou*, par *Nanteuil.*

C. Bailly, duc de Chaulnes, gravé par *P. Simon*, etc., en tout douze portraits.

1050 — *De Lamoignon*, par *Nanteuil.*

La Tour d'Auvergne, par *M. Natalis*, et deux autres portraits gravé par *Nanteuil.*

1051 — *Ferdinand*, par *Edelinck*, et cinq autres pièces.

1052 — *L'Impératrice Catherine II*, gravé par *Guiseppe*, et cinq pièces.

1053 — *Pierre Mayeur, abbé de Clairvaux*, par *de Larmessin*.

Eustache de Lesville, par *R. Lochon*.

Hyacinthe Rigaud, par *Drevet*, et trois pièces.

1054 — *Carlo Dolci*, par *Lemoine*.

L. Girardon, par *Drevet*.

Marie de Laubepin, par *Drevet*.

Louis de Boullongue, par *Chereau*, et trois pièces.

1055 — *Marie-Thérèse d'Espagne*, par *de Larmessin*.

Louis XIV, par *Vermeulen*, et six pièces.

1056 — *J.-B. Colbert*, par *Beaudran*, et quatre autres pièces.

1057 — Neuf portraits divers.

1058 — Dix portraits, la plupart gravés par *G. Mellan*.

1059 — Dix pièces paysages et quelques pièces à la sanguine.

1060 — Sept pièces, quelques-unes du XVIe siècle.

1061 — Douze pièces.

1062 — Quinze pièces.

1063 — Quinze pièces.

1064 — Quatorze pièces.

1065 — Six pièces.

1066 — Onze pièces, quelques-unes d'après *Guido Reni*.

1067 — *Saint Gérôme*, gravé par *G. Mellan*. 1665, et seize autres pièces.

1068 — Vingt pièces.

1069 — Vingt pièces.

1070 — Portrait de *G. Mellan*, par lui-même et six pièces.

1071 — Huit pièces de *Perrelle* et autres.

1072 — Dix-sept pièces diverses.

1073 — *Carlo Marratte* et autres, dix-huit pièces.

1074 — *G. Goltzius*, cinq pièces, et onze autres pièces.

1075 — *Crispin de Pas*, quatorze pièces.

1076 — Onze pièces.

1077 — *Annibal Carrache*, par *Mitelli*.

Jésus, par *G. Mellan*.

Portrait de *van Loo*, par *Fessard*, etc., en tout quatorze pièces.

1078 — *Polidore de Carravage*, *la Samaritaine*, d'après *Michel-Ange*, en tout seize pièces.

1079 — *Naissance d'Achille*, par *Pietro Testa*, et onze autres pièces.

1080 — *Les Saisons de Verdier*, par *J. Haussard.*

1081 — *Saint Vincent et Louis XIII*, par *Restout*, gravé par *Jeaurat.*

Mort de saint Vincent, par *de Troy*, etc., en tout quinze pièces.

1082 — *Jupiter et Sémélé*, par *Duflos.*

Jupiter et Antiope, par *Le Barbier l'aîné.*

Stanislas, roi de Pologne, par *de Parmessin*, etc., en tout vingt pièces.

1083 — Dix-sept pièces de *Bloemart*, *J. Bernard*, *F. Brici*, etc.

1084 — Dix-sept pièces de *Brebiette.*

1085 — Seize pièces.

1086 — *Titien*, *Jules Romain*, *P. Testa*, *M. Rota*, etc., dix-huit pièces.

1087 — Vingt pièces.

1088 — *G. Audran*, *Tempesta*, *Goltzius*, etc., dix-huit pièces.

1089 — Vingt-deux pièces.

1090 — Vingt pièces, d'après *Jordaens*, *Rubens* et autres.

1091 — *Le Portement de croix et Jésus présenté au peuple*, deux grandes pièces, par *Nic de Bruïnn*, etc., en tout douze pièces.

1092 — *Œdipe*, par *Salvator Rosa*.

Roger et *Armide*, par *Ragot*.

Portement de croix, par *Roettiers*.

Triomphe d'Amphitrite, par *Fessard*.

Les Festes Lupercales, par *Fessard*, etc., en tout sept pièces.

1093 — *Louis XIV*, par *Nanteuil*, six portraits et quatre autres pièces.

1094 — Huit pièces diverses.

1095 — *Travaux d'Hercule*, par *Rousselet*, quatre pièces.

Le Taureau furieux, par *B. Gagneraux*, etc., en tout douze pièces.

1096 — Douze pièces diverses.

1097 — *Pietro Testa* et autres, quatorze pièces.

1098 — Douze pièces de *N. Poussin*, gravées par *C. Stella*.

1099 — *La modération est une seconde victoire*, par *Edelinck* et *Drevet*.

Loth et ses filles, présentation au temple, etc., neuf pièces gravées par *Dorigny*. 1639, et autres pièces, en tout 15.

1100 — *Sainte Madeleine,* par *Edelinck,* et quatorze autres pièces.

1101 — Douze pièces.

1102 — Douze pièces.

1103 — Quinze pièces.

1104 — *Martin de Vos, Stradanus, J. Sadeler,* etc. douze pièces.

1105 — Dix-neuf pièces.

1106 — Dix-neuf pièces.

1107 — Dix-huit pièces.

1108 — Vingt et une pièces.

1109 — Seize pièces.

1110 — Vingt et une pièces.

1111 — Vingt-sept pièces.

1112 — Vingt-sept pièces.

1113 — Quinze pièces.

1114 — Vingt pièces.

1115 — Vingt pièces.

1116 — *Martyres de Missionnaires,* trente-deux pièces.

1117 — *G. Cortone*, gravé par *Billy*, quatorze pièces.

1118 — *La Flagellation*, par *van Loo*, et autres pièces, en tout quinze.

1119 — Vingt pièces.

1120 — Emblèmes, quarante-neuf pièces.

1121 — Vingt pièces.

1122 — *Adoration des Mages*, par *P. Rubens*.

Crucifiement, par *de Largillière*, et autres pièces, par *Roettiers*, *J. Jordaens*, etc., douze pièces.

1123 — *Paysage de Moucheron*, gravé par *Masson*, *Triomphe d'Alexandre et Alexandre devant la famille de Darius*, gravé par *Picault*.

Arrestation de Jésus-Christ, par *Nic de Bruin*, en tout huit pièces.

1124 — *Vendeurs chassés du temple*, de *Jouvenet*.

Quatre pièces de *L. Carrache*, et quatre autres pièces, en tout dix pièces.

1125 — *Perelle*, trente-six pièces..

1126 — Quatre-vingt pièces italiennes.

1127 — *N. Berghem*, dix-sept pièces, gravées par *Vifscher*.

1128 — *Sainte Madeleine*; par *Le Bas*, six pièces de *Snyders*, par *M. van Kessel*, en tout vingt pièces.

1129 — Vingt-quatre pièces.

1130 — Trente et une pièces.

1131 — Vingt-huit pièces, dont sept de *Tempesta*.

1132 — Vingt-huit pièces, par *Wierix*, sur quatre feuilles.

1133 — Quatre-vingt-deux pièces, emblèmes sur quatre feuilles.

1134 — Quatre feuilles, *Ports de mer*, par *Ozanne*.
Six feuilles, par *Pietro Testa*.
Dix-sept feuilles, par *Pietro Testa*.

1135 — Six pièces de *M. Hemskerke*, gravées par *Ph. Galle*, pièces rondes, *de l'histoire de Sanson*, et onze pièces diverses.

1136 — Dix pièces de *Perelle*, et sept pièces diverses.

1137 — Vingt-trois pièces.

1138 — *Vue du pont Marie*, par *Israël Sylvestre*, gravé par *Perelle*.

1139 — *Diderot*, gravé par *Le Bas*, d'après *van Loo*, et sept pièces diverses.

1140 — *Saint Bruno*, de *Philippe de Champagne*, un portrait de *van Dick*, et quatre autres.

1141 — *Largillière*, par *Edelinck*, et six autres pièces.

1142 — *Métastase*, *Michel-Ange*, *Machiavel*, d'après *Mantegna*, et deux autres portraits.

1143 — Vingt-six pièces.

1144 — *Allégories*, cinquante-six pièces sur douze feuilles.

1145 — Trente pièces.

1146 — Quatre pièces de *Pietro Testa* et quatre de *Crispin de Pas*.

1147 — Quarante-cinq pièces.

1148 — Dix neuf pièces.

1149 — *Tabagie de Teniers*, gravé par *Basan*, et d'autres pièces de *Beauverlet*, *Wouvermans*, six pièces.

1150 — Quatre pièces de *Greuze*, gravé par *Ingouf*.

1151 — Huit portraits.

1152 — Cent dix planches diverses, ce lot sera divisé.

1153 — Trente pièces, par *Van den Borcht*. 1540-1608.

1154 — *L. Carrache*, vingt-quatre pièces.

1155 — Trois grandes pièces de *Balthasar Perretius*, gravé par *Thomassinum*.

1156 — *Carlo Marratte*, six pièces.

1157 — *Salvator Rosa*, vingt et une pièces.

1158 — *Tiepolo*, 13 pièces diverses.

1159 — *Crispin de Pas*, par *Netcher*, *Pietro Testa*, etc., en tout neuf pièces.

1160 — Soixante pièces.

1161 — Vingt-quatre pièces, *Bonasone*, *Augustin Vénitien*, *Castiglione*, etc.

1162 — Soixante-dix pièces.

1163 — Dix sept *Perrelle*.

1164 — Vingt-quatre de *Chérubin*, *Paolo Fidanza*, d'après *Michel-Ange et Raphaël*.

1165 — *Saint Sébastien*, par *E. Sadeler*, et sept autres pièces.

1166 — *Berghem*, sept pièces.

1167 — Soixante pièces diverses.

1168 — Vingt-sept pièces.

1169 — *Simon Vouet*, gravé par *Dorigny*, 1651 et quarante autres pièces.

1170 — Quarante-deux petits portraits, par *Wolfang*, *A. van Dick*, *Lucas*, *Killian*, *Moncornet*, *Wenceslas Hollar*, etc.

1171 — Sept grands portraits.

1172 — Vingt-six pièces diverses.

1173 — Cent soixante-trois pièces, sculpture, bas-reliefs, statues, etc.

1174 — Pièces diverses, quatorze.

1175 — Neuf pièces, d'après *Teniers* et autres.

1176 — Vingt-six pièces, *Oiseaux*.

1177 — Vingt petites pièces.

1178 — Onze petites pièces.

1179 — Vingt-neuf pièces, par *Cochin*, etc.

1180 — Vingt-six estampes.

1181 — Onze estampes italiennes.

1182 — Dix estampes italiennes.

1183 — *Goltzius*, deux grands portraits avec encadrements.

1184 — *Adoration des rois*, par *Lauwers*.

Jésus mort, d'après *van Dick*.

Retour de chasse, par *G. Audran*, d'après *Watteau*.

Sainte-Famille, par *Schette* et *Bolswert*.

Fête Flamande, par *Suyderhoef*, d'après *Ostade*.

1185 — Portrait de *Claude Le Peletier*, gravé par *Drevet*, et une autre pièce.

1186 — Vingt-huit pièces portraits italiens.

1187 — *Carrache*, sept pièces.

1188 — Dix gravures publiées par la *Société des Amis des Arts de Lyon*.

1189 — Cent vingt estampes de *Polidore, Sadeler, Goltzius Nicolas de Bruyn, G. Mellan*, etc.

1190 — Portrait de *Catk*, dessiné par *Le Prince* et gravé par *Aved*.

1191 — *Nicolas de Bruyn*, quatre grandes pièces.

1192 — *Clément XII*, grand portrait.

1193 — Quatre pièces gravées par *Petrus Perfetti*, d'après *Allegri*.

1194 — Grand portrait de *Louis XV à cheval*.

1195 — *Le Christ en Croix* de *Lebrun*, gravé par *de Poilly*.

1196 — *Descente de Croix*, de *Lebrun*, gravé par *de Poilly*.

1197 — *Triomphe de la religion*, *la Vérité de l'Eucharistie*, et deux autres pièces de *Rubens*, gravées par *F. Ragot*.

1198 — *Le Buisson ardent*, de *Poussin*, gravé par *Chasteau*.

1199 — *Le Parfait modèle*, gravé par *Baudet*.

1200 — Quatorze compositions du *Corrège*.

1201 — *Le Jugement dernier*, de J. *Cousin*, gravé par *P. de Jode*, 9 feuilles.

1202 — *Saint Martin de Tours*, par *Jordaens*, gravé par *P. de Jode*.

1203 — Dix pièces, d'après *Raphaël*.

1204 — Deux estampes de *Thomassin*, d'après *Raphaël*.

1205 — *Le Triomphe d'Alexandre*, gravé par *J. de Rubeis*.

1206 — Treize estampes de *Zucchi*, d'après *Palma et Sylvestre Manaïgo*.

1207 — Six estampes de *G. Mellan*.

1208 — *Les Carrache*, vingt-neuf pièces.

1209 — *Ridi* portrait de *Louis XVI*, épreuve en couleur.

1210 — Portrait de *Louis XVII*, au pointillé.

1211 — Portrait *De Médicis*, par *J. Pierre*. 1650.

1212 — *Adoration*, par *Benedetto Castiglione*.

1213 — *Saint François*, par *D. Canetti*.

1214 — *Colletti* et autre, quatre estampes.

1215 — *L'Étude*, par *Adoardo Fialetti*.

1216 — *Grimaldi* dit *Le Bolognèse*, une pièce.

1217 — *Manglar*, cinq estampes.

1218 — *R. Earlom*, douze estampes, d'après *Le Lorain*.

1219 — Portrait de *Titien*, 1587, par *A. Carrache*.

1220 — Quarante-cinq pièces diverses.

1221 — Un portrait gravé par *A. Masson*.

1222 — Vingt pièces diverses.

1223 — Plus de deux cent cinquante petits portraits, gravés par *Desrochers*, *Baron*, *E. Sadeler*, *Moncornet*, *W. Hollar*, *Pietro Fontana*, etc.

1224 — Cent soixante-neuf portraits de *Papes*.

1225 — *La Vierge et l'enfant Jésus*, par *A. Carrache*, et quatre autres pièces.

1226 — Quatre-vingt pièces diverses.

1227 — *Crispin de Pas*, *Les Sybilles*, douze pièces rondes et le titre.

1228 — *Le Christ et la Vierge*, et autres pièces rondes de *Crispin de Pas*, quatre pièces.

1229 — *V. Lefèvre*, d'après *Paul Veronèse*, cinquante pièces.

1230 — *V. Lefèvre*, *Hercule*, d'après *Le Titien*.

1231 — Plus environ deux mille pièces non cataloguées, qui seront vendues par lots.

LIVRES ET CATALOGUES

CONCERNANT

LA PEINTURE, LA GRAVURE, LES ARTS ET LA CURIOSITÉ

1232 — Eaux-fortes de *van Dick*, reproduites et publiées par *Armand Durand*, texte par *G. Duplessis*.

21 portraits, avec le texte dans un carton, in-f°.

1233 — *Grenoublou malhourou*, par *Blanc* dit *La Goutte*. Préface par *Georges Sand*, dessins de *Rahoult*, gravés par *E. Dardelet*. Grenoble, Baratier frères. 1860.

9 livraisons, ouvrage complet.

1234 — *Veduta antiche et moderne le piu intéressanti della citta di Roma*.

100 gravures, in-f°, broché.

1235 — *Album des œuvres de Chenavard*.

1236 — *Album de la galerie Bruyas*, Musée de Montpelier. 30 sujets choisis lithographiés par *Jules Laurens*. Paris, Morel, 1875.

Dans un carton in-f°.

1237 — *Le Peintre graveur*, par *Adam Bartsch*.

21 vol. in-12. Vienne, 1803-1821. Rel. veau racine.

1238 — *Suppléments au peintre graveur* de *Bartsch*, recueillis et publiés par *Rudolph Weigel*. Leipzig, 1843.

Le tome I seulement, in-12, demi-rel.

1239 — *Archives de l'art français ou Abacedario*, de *J.-P. Mariette*, par *M. de Chenevière et Montaiglon*.

6 vol. in-8, demi-rel.

1240 — *Le Peintre graveur français* ou *Catalogue raisonné des estampes*, gravées par les peintres et dessinateurs de l'École française, etc., par *A. P. F. Robert-Dumesnil*. Paris, 1835-1868.

10 vol. in-8, demi-rel.

1241 — *Annuaire des artistes et des amateurs*. 1860-1861.

2 vol. in-4.

1242 — *Variétés littéraires*, par *M. Paul de Saint-Victor*.

1 vol. in-8, demi-rel.

1243 — *Charles Blanc, Trésor de la curiosité.*

2 vol. in-8, demi-rel.

1244 — *Catalogue des estampes du cabinet du comte Rigal.*

1 vol. in-12, demi-rel.

1245 — *Le Musée de peinture de Londres*, par *Reiser*. Paris, 1877.

1 vol. in-8, demi-rel.

1246 — *C. Le Blanc, Manuel de l'amateur d'estampes.*

Les 2 volumes parus, in-4.

1247 — *Brulliot, Dictionnaire des marques et monogrammes.* Munich, 1832.

3 vol. grand in-4, demi-rel.

1248 — *Catalogue de la vente Troyon.*

Prix marqués.

1249 — *Traité de la gravure à l'eau-forte*, par *Maxime Lalanne*. Paris, 1864.

1 vol. in-8. demi-rel.

1250 — *Rembrandt, discours sur sa vie et son génie*, par le *docteur Scheltema*, publié et annoté par *W. Burger*. Paris, J. Renouard, 1866.

1 vol. in-8.

1251 — *Sonnets humouristes*, par *Joséphin Soulary*. Nouvelle édition considérablement augmentées et précédée d'une préface en vers, par *Jules Janin*. Lyon, Scheuring, 1859, portrait de l'auteur.

Un vol. in-8, demi-rel.

1252 — *Gazette des Beaux-Arts, les années 1855, 1859, 1860, 1861, 1862, 1863, 1864, 1866, 1867, 1868, 1869, 1871, 1872, 1873, 1874, 1875, 1876 et 1877.*

Presque tous ces volumes sont brochés ou en livraisons.

1253 — *Charles Blanc, l'œuvre complet de* **Rembrandt.** Paris, Gide, 1859-1861.

2 vol. in-8, demi-rel., exemplaire grand papier.

1254 — *Le Peintre-graveur français*, par *Baudricourt.*

Le tome II seulement.

1255 — *Essai sur la peinture*, par *Diderot*. Paris, l'an IV.

1 vol. in-8, broché.

1256 — *Manuel de l'histoire de la peinture*, écoles allemande, flamande et hollandaise, par *G. F. Waagen*. Paris, 1863.

Trois vol. in-8, fig.

1257 — *Traité de la peinture et de la sculpture*, par *C. Richardson, père et fils.*

3 vol. in-8, Amsterdam, 1725.

1258 — *Rembrandt, sa vie et ses œuvres*, par *C. Vosmar*, 2e édition. Paris et La Haye, 1877.

1 vol. in-f°.

1259 — *Recueil de lettres sur la peinture, la sculpture et l'architecture*, par *L. J. Jay*. Paris, 1817.

1 vol. in-8.

1260 — *Traité de la peinture*, par *Dandré-Bardon*.

2 vol. in-12, veau.

1261 — *Recueil de gravures à l'eau-forte, au trait et ombrée*, par *Le Brun*. Paris, Didier, 1809.

2 tomes en 1 vol. in-8, demi-rel.

1262 — *Musée de Hollande*. Amsterdam et La Haye, par *W. Burger*.

2 vol. in-12, 1858, demi-rel.

1263 — *Rubens à l'École d'Anvers*, par *Alfred Michiels*.

1 vol. gr, in-8, 1854, demi-rel.

1264 — *Causerie sur le paysage*, par *L.-H. Allemand*. Lyon, Louis Perrin, 1879.

1 vol. in-12, broché.

1265 — *Le Ciel*, par *Amédée Guillemin*, édition illustrée.

Gr. in-4, 60 livraisons (complet).

1266 — Plus une grande quantité de Catalogues de vente, de gravures, peintures, etc., avec les prix marqués, des collections de journaux.

1268 — *Lyon-Revue*, vingt et une livraisons.

1269 — Un lot de musique.

1270 — Un haut-bois.

1271 — Une flûte.

1272 — Un cor anglais.

1273 — Une presse à imprimer les gravures avec les accessoires.

LYON. — IMPRIMERIE MOUGIN-RUSAND

www.ingramcontent.com/pod-product-compliance
Ingram Content Group UK Ltd.
Pitfield, Milton Keynes, MK11 3LW, UK
UKHW020252180726
13839UKWH00001B/306

9 782329 515229